HEYNE ‹

Dr. Oetker

Weihnachtliche Backstube

WILHELM HEYNE VERLAG
MÜNCHEN

Wenn die Tage wieder kürzer werden, sitzt man gerne bei einer Tasse Tee oder Kaffee zusammen und genießt selbst gebackene Kuchen und Plätzchen.

Verwöhnen Sie Ihre Familie mit Schoko-Gewürz-Kuchen oder Christkindels Möhrentorte. Ihre Kinder helfen bestimmt gerne mit, beim Ausrollen und Ausstechen von Eissternen und Rudolph, dem Rentier mit der roten Nase.

Überraschen Sie Ihre Nachbarin mit selbst gemachten Pralinen und Konfekt. Schoko-Mango-Stäbchen oder Cassis-Pralinen sind hübsch verpackt ein nettes Geschenk.

Inhaltsübersicht

Weihnachtliche Plätzchen   Seite   72 – 115

Konfekt & Pralinen   Seite   116 – 141

Weihnachtlicher Kalter Hund

etwa 25 Stücke – Mit Alkohol

Für den Knetteig:

250 g Weizenmehl
50 g gesiebtes Kakaopulver
75 g gesiebter Puderzucker
1 Prise Salz
150 g weiche Butter
1 Pck. Dr. Oetker Vanillin-Zucker
1 Ei (Größe M)
1 EL Milch

Für die Füllung:

150 g Vollmilch-Kuvertüre
150 g Zartbitter-Kuvertüre
125 g Schlagsahne
125 g Butter
1 EL Kirschwasser

Zum Bestreichen:

75 g Schwarzkirschkonfitüre

Zum Bestäuben:

etwas Kakaopulver
etwas Puderzucker

Zubereitungszeit: **65 Minuten, ohne Kühlzeit**
Backzeit: **12–15 Minuten je Backblech**

1_ Für den Teig Mehl mit Kakao in einer Rührschüssel mischen. Restliche Zutaten für den Teig hinzufügen und mit Handrührgerät mit Knethaken zunächst kurz auf niedrigster, dann auf höchster Stufe gut durcharbeiten. Anschließend den Teig auf der leicht bemehlten Arbeitsfläche zu einem glatten Teig verkneten. Den Teig in Frischhaltefolie gewickelt etwa 30 Minuten kalt stellen.

2_ Für die Füllung beide Kuvertüresorten in Stücke hacken, mit Sahne in einem kleinen Topf im heißen Wasserbad bei schwacher Hitze unter Rühren schmelzen. Die Kuvertüre abkühlen, aber nicht fest werden lassen.

3_ Butter in einer Rührschüssel mit Handrührgerät mit Rührbesen schaumig rühren, Kuvertüre unterrühren. Kirschwasser hinzufügen. Die Creme zugedeckt erkalten lassen, aber nicht kalt stellen.

4_ Den Backofen vorheizen.
Ober-/Unterhitze: etwa 180 °C, Heißluft: etwa 160 °C

5_ Den Teig in 6 Portionen teilen. 5 Teigportionen jeweils auf der bemehlten Arbeitsfläche zu rechteckigen Platten ausrollen: 2 Platten etwa 21 x 7 cm, 2 Platten etwa 23 x 8 cm, 1 Platte etwa 24 x 10 cm. Den restlichen Teig knapp ½ cm dick ausrollen und mit Ausstechformen verschieden große Sterne ausstechen.

6_ Die Teigplatten auf Backbleche (mit Backpapier belegt) legen. Die Teigsterne in die Zwischenräume der Teigplatten legen. Die Backbleche nacheinander (bei Heißluft zusammen) in den vorgeheizten Backofen schieben. Die Gebäckplatten und -sterne 12–15 Minuten je Backblech backen.

7_ Die Gebäckplatten und -sterne mit dem Backpapier von den Backblechen auf Kuchenroste ziehen und erkalten lassen.

8_ Zum Bestreichen Konfitüre in einem kleinen Topf pürieren und unter Rühren kurz aufkochen lassen. Die Gebäckoberflächen damit bestreichen.

9_ Ein Fünftel der weichen Kuvertürecreme in eine Kastenform (25 x 11 cm, mit Speiseöl gefettet, mit Frischhaltefolie ausgelegt) geben und mit einem Esslöffel glatt streichen. Eine Gebäckplatte (21 x 7 cm) mit der mit Konfitüre bestrichenen Seite nach unten auf die Creme legen, etwas andrücken. Die restlichen Platten nacheinander mit der Creme in die Form schichten (zuerst je 1 Platte 21 x 7 cm, danach je 1 Platte 23 x 8 cm, zuletzt 1 Platte 24 x 10 cm).

10_ Die Form mit Frischhaltefolie belegen. Den Kalten Hund 3–4 Stunden kalt stellen.

11_ Den Kalten Hund aus der Form lösen und auf eine Kuchenplatte stürzen, Frischhaltefolie entfernen. Den Kalten Hund mit Kakao bestäuben.

12_ Die Gebäcksterne mit Puderzucker bestäuben, auf die Kuchenoberfläche legen und anschließend etwas andrücken.

Pro Stück: E: 3 g, F: 16 g, Kh: 20 g, kJ: 985, kcal: 236

Englischer Weihnachtskuchen

etwa 14 Stücke – Klassisch – mit Alkohol – dauert länger

Für den Rührteig:
250 g weiche Butter oder
   Margarine
250 g brauner Zucker (Kandisfarin)
1 Pck. Dr. Oetker Bourbon-Vanille-
   Zucker
½ Fläschchen Zitronen-Aroma
5 EL Rum
abgeriebene Schale von 1 Bio-
   Zitrone (unbehandelt,
   ungewachst)
½ TL gemahlener Zimt
1 Msp. geriebene Muskatnuss
5 Eier (Größe M)
250 g Weizenmehl
1 Pck. Dr. Oetker Backin
je 300 g Rosinen und Korinthen
je 100 g fein gehacktes Zitronat
   (Sukkade) und Orangeat
50 g gehackte Mandeln
150 g rote, in Stücke geschnittene
   Belegkirschen

Zum Aprikotieren:
4 EL Aprikosenkonfitüre

**Für die Marzipandecke und
den Marzipanrand:**
200 g Marzipan-Rohmasse
100 g gesiebter Puderzucker

Für den Guss:
300 g gesiebter Puderzucker
etwas Wasser

Zum Verzieren:
150 g Marzipan-Rohmasse
50 g gesiebter Puderzucker
etwas rote Speisefarbe
einige Silberperlen

Zubereitungszeit: **60 Minuten,
ohne Abkühlzeit**
Backzeit: **etwa 2 ¾ Stunden**

1_ Den Backofen vorheizen.
Ober-/Unterhitze: etwa 140 °C, Heißluft: etwa 120 °C

2_ Für den Teig Butter oder Margarine in einer Rührschüssel mit Hand-
rührgerät mit Rührbesen auf höchster Stufe geschmeidig rühren.
Nach und nach Zucker, Vanille-Zucker, Aroma, Rum, Zitronenschale,
Zimt und Muskat unterrühren. So lange rühren, bis eine gebundene
Masse entstanden ist.

3_ Jedes Ei etwa ½ Minute unterrühren. Mehl mit Backpulver mischen, in
2 Portionen auf mittlerer Stufe unterrühren. Dann Rosinen, Korinthen,
Zitronat, Orangeat, Mandeln und Belegkirschenstücke vorsichtig
unterrühren.

4_ Den Teig in eine Springform (Ø 24 cm, gefettet) geben und glatt
streichen. Die Form auf dem Rost in den vorgeheizten Backofen
schieben. Den Weihnachtskuchen etwa 2 ¾ Stunden backen.

5_ Den Kuchen aus der Form lösen und auf einen Kuchenrost setzen.

6_ Zum Aprikotieren die Aprikosenkonfitüre durch ein Sieb streichen.
Den heißen Kuchen damit bestreichen. Kuchen erkalten lassen.

7_ Für die Marzipandecke und den -rand Marzipan mit Puderzucker
verkneten. In 2 Portionen teilen. Eine Marzipanportion auf einer mit
Puderzucker bestäubten Arbeitsfläche zu einer dünnen, runden Platte
(Ø etwa 24 cm) ausrollen und auf den Kuchen legen. Aus der rest-
lichen Marzipanmasse einen etwa 72 cm langen Streifen in Höhe des
Gebäckrandes ausrollen, um den Kuchen legen und gut andrücken.

8_ Für den Guss Puderzucker mit so viel Wasser verrühren, dass ein
dickflüssiger Guss entsteht. Den Kuchen damit überziehen. Guss
antrocknen lassen.

9_ Zum Verzieren Marzipan mit Puderzucker und Speisefarbe verkneten
und auf der mit Puderzucker bestäubten Arbeitsfläche dünn ausrollen.
Mit verschiedenen Ausstechformen Sterne, Rehe und einen Elch
ausstechen. Die Tortenoberfläche und den -rand damit belegen.
Mit Silberperlen garnieren. Guss fest werden lassen.

Tipp: Einen Teil des Puderzuckergusses mit etwas roter Speisefarbe
rosa färben. Die Oberfläche mit dem weißen und rosefarbigen Guss
verzieren. Sie können den englischen Weihnachtskuchen auch mit
weißem Glitterzucker bestreuen.

Pro Stück: E: 9 g, F: 29 g, Kh: 128 g, kJ: 3452, kcal: 825

Glühweinkuchen

etwa 16 Stücke – Gut vorzubereiten – mit Alkohol

Für den Rührteig:
250 g weiche Butter
  oder Margarine
250 g Zucker
1 Pck. Dr. Oetker Bourbon-Vanille-
  Zucker
etwas abgeriebene Schale von
  1 Bio-Zitrone und -Orange
  (unbehandelt, ungewachst)
1 Prise Salz
1 Msp. gemahlene Nelken
4 Eier (Größe M)
250 g Weizenmehl
20 g Kakaopulver
3 gestr. TL Dr. Oetker Backin
125 ml (⅛ l) kalter Glühwein
50 g aufgelöste, etwas abgekühlte
  Zartbitter-Kuvertüre

Zum Aprikotieren:
30 g Zucker
2 EL Wasser
50 g Aprikosenkonfitüre

Für den Guss:
Schale von 1 Bio-Orange
  (unbehandelt, ungewachst)
Schale von 1 Bio-Zitrone
  (unbehandelt, ungewachst)
2 EL kalter Glühwein
2 EL Zucker
65 g gesiebter Puderzucker
2 EL Saft (von der Zitronen-
  Orangen-Flüssigkeit)
1 EL geviertelte, kandierte Kirschen

Zubereitungszeit: **35 Minuten,**
ohne Durchziehzeit
Backzeit: **50–60 Minuten**

1_ Den Backofen vorheizen.
Ober-/Unterhitze: etwa 180 °C, Heißluft: etwa 160 °C

2_ Für den Teig Butter oder Margarine mit Handrührgerät mit Rührbesen auf höchster Stufe geschmeidig rühren. Nach und nach Zucker, Vanille-Zucker, Zitronen- und Orangenschale, Salz und Nelken unterrühren. So lange rühren, bis eine gebundene Masse entstanden ist.

3_ Jedes Ei etwa ½ Minute unterrühren. Mehl mit Kakao und Backpulver mischen und abwechselnd in 2 Portionen mit dem Glühwein auf mittlerer Stufe unterrühren. Kuvertüre unterheben. Den Teig in eine Napfkuchenform (Ø 22 cm, gefettet, bemehlt) geben und glatt streichen. Die Form auf dem Rost in den vorgeheizten Backofen schieben. Den Kuchen 50–60 Minuten backen.

4_ Den Kuchen etwa 10 Minuten in der Form stehen lassen, dann auf einen Kuchenrost stürzen.

5_ Zum Aprikotieren Zucker und Wasser unter Rühren erhitzen, bis der Zucker gelöst ist. Konfitüre durch ein Sieb streichen, hinzufügen und zum Kochen bringen. So lange kochen lassen, bis die Masse anfängt dicklich zu werden. Den Kuchen damit bestreichen und erkalten lassen.

6_ Für den Guss Orange und Zitrone heiß abwaschen, abtrocknen und von der Schale feine Streifen (Julienne) abschneiden. Glühwein mit Zucker aufkochen lassen. Zitronen- und Orangenstreifen hinzufügen und etwas kochen lassen. Die Flüssigkeit durch ein Sieb gießen, den Saft dabei auffangen und 2 Esslöffel abmessen. Die Zitronen- und Orangenstreifen auf einem Küchentuch verteilen und trocken tupfen.

7_ Puderzucker mit dem abgemessenen Saft zu einer zähflüssigen Masse verrühren. Den Kuchen damit bestreichen und mit Juliennestreifen und Kirschvierteln garnieren. Den Kuchen mindestens 1 Tag durchziehen lassen.

Tipp: Nach Belieben zusätzlich noch je 50 g Zitronat (Sukkade), Orangeat und gewürfelte, kandierte Kirschen unter den Teig rühren. Gut verpackt und kühl gelagert ist der Glühweinkuchen 8–10 Tage haltbar.

Pro Stück: E: 4 g, F: 16 g, Kh: 41 g, kJ: 1415, kcal: 338

Quarkstollen

etwa 20 Stücke – Klassisch – mit Alkohol

Zum Vorbereiten:
375 g Rosinen
100 ml Rum

Für den Knetteig:
500 g Weizenmehl
1 Pck. Dr. Oetker Backin
150 g Zucker
1 Pck. Dr. Oetker Vanillin-Zucker
1 Prise Salz
4 Tropfen Bittermandel-Aroma
je 1 Msp. Gewürznelken,
  Kardamom, Ingwer, Muskatnuss
  und Zimt (alles gemahlen)
1 Pck. Dr. Oetker Finesse
  Orangenschalen-Aroma
2 Eier (Größe M)
200 g Butter oder Margarine
250 g Magerquark
250 g abgezogene, gemahlene
  Mandeln
100 g gewürfeltes Zitronat
  (Sukkade)
100 g gewürfeltes Orangeat

100 g Butter
50 g Puderzucker

Zubereitungszeit: **30 Minuten,
ohne Durchzieh- und Abkühlzeit**
Backzeit: **etwa 55 Minuten**

1_ Zum Vorbereiten Rosinen mit Rum beträufeln und mehrere Stunden, am besten über Nacht, durchziehen lassen.

2_ Den Backofen vorheizen.
Ober-/Unterhitze: etwa 250 °C, Heißluft: etwa 200 °C

3_ Für den Teig Mehl mit Backpulver in einer Rührschüssel mischen. Zucker, Vanillin-Zucker, Salz, Aroma, Nelken, Kardamom, Ingwer, Muskat, Zimt, Orangenschalen-Aroma, Eier, Butter oder Margarine und Quark hinzufügen.

4_ Die Zutaten mit Handrührgerät mit Knethaken zunächst kurz auf niedrigster, dann auf höchster Stufe gut durcharbeiten. Anschließend den Teig auf der leicht bemehlten Arbeitsfläche zu einem glatten Teig verkneten. Mandeln, Zitronat, Orangeat und Rum-Rosinen mit der Flüssigkeit unterkneten.

5_ Den Teig zu einem Quadrat (etwa 30 x 30 cm) ausrollen. Den Teig aufrollen, mit der Teigrolle der Länge nach eine Vertiefung eindrücken und die linke Teigseite leicht versetzt auf die rechte Seite schlagen. Den mittleren Teig mit den Händen der Länge nach zu einem Wulst formen. Den Teigstollen auf ein Backblech (dreifach mit Backpapier belegt) legen.

6_ Das Backblech in den vorgeheizten Backofen schieben. Sofort die Backofentemperatur auf Ober-/Unterhitze: etwa 180 °C, Heißluft: etwa 160 °C herunterschalten. Den Stollen etwa 55 Minuten backen.

7_ Butter in einem kleinen Topf zerlassen.

8_ Das Backblech auf einen Kuchenrost stellen. Den Stollen sofort mit der Hälfte der Butter bestreichen und mit der Hälfte des Puderzuckers bestäuben. Den Stollen mit dem Backpapier vom Backblech auf einen Kuchenrost ziehen und etwas abkühlen lassen.

9_ Den Vorgang des Bestreichens und Bestäubens wiederholen. Den Stollen erkalten lassen.

Pro Stück: E: 8 g, F: 20 g, Kh: 49 g, kJ: 1796, kcal: 429

Weihnachtsrolle

etwa 25 Stücke – Raffiniert

Für die Füllung I:
1 Pck. getrocknete, gezuckerte
  Cranberries (125 g)
50 ml Apfel-Cranberry-Saft
  (erhältlich im Bioladen)
25 g Zucker

Für die Füllung II:
75 g fein gemahlene Pistazienkerne
100 g Marzipan-Rohmasse
1 Pck. Dr. Oetker Vanillin-Zucker
einige Tropfen grüne Speisefarbe

Für den Knetteig:
400 g Weizenmehl
1 Pck. Dr. Oetker Backin
125 g Butter oder Margarine
125 g Zucker
1 Pck. Dr. Oetker Vanillin-Zucker
1 Pck. Dr. Oetker Finesse
  Orangenschalen-Aroma
2 Eier (Größe M)
1 Prise Salz
125 g Magerquark

Zum Bestreichen:
100 g Butter

Zum Bestäuben:
30 g Puderzucker

Zubereitungszeit: **40 Minuten**
Backzeit: **etwa 40 Minuten**

1_ Für die Füllung I Cranberries mit Saft und Zucker in einen hohen
Rührbecher geben und mit einem Mixstab zerkleinern, sodass eine
breiähnliche Masse entsteht.

2_ Für die Füllung II die Pistazienkerne, in Stücke geschnittenes Marzipan,
Vanillin-Zucker und Speisefarbe mit einem Mixstab zerkleinern, sodass
ebenfalls eine breiähnliche Masse entsteht.

3_ Für den Teig Mehl mit Backpulver in einer Rührschüssel mischen.
Restliche Zutaten für den Teig hinzufügen und mit Handrührgerät
mit Knethaken zunächst kurz auf niedrigster, dann auf höchster Stufe
gut durcharbeiten. Anschließend den Teig auf der leicht bemehlten
Arbeitsfläche zu einem glatten Teig verkneten.

4_ Den Backofen vorheizen.
Ober-/Unterhitze: etwa 180 °C, Heißluft: etwa 160 °C

5_ Den Teig auf der leicht bemehlten Arbeitsfläche zu einem Rechteck
(etwa 30 x 40 cm) ausrollen.

6_ Zum Bestreichen Butter in einem kleinen Topf zerlassen. Etwa 2 Esslöffel der zerlassenen Butter auf die Teigplatte streichen. Die Cranber-
rymasse der Länge nach so auf eine Teighälfte streichen, dass zur Mitte
hin etwa 1 cm frei bleibt. Die restliche Teighälfte auch der Länge nach
mit der Pistazien-Marzipan-Masse bestreichen. Dabei darauf achten,
dass zwischen den Teighälften ein etwa 1 cm breiter Streifen frei bleibt.

7_ Jeweils die bestrichenen Teighälften von außen nach innen aufrollen
und auf ein Backblech (mit Backpapier belegt) legen. Die Teigrollen in
der Mitte etwas aneinanderdrücken. Die Oberflächen jeweils knapp
½ cm tief mit einem spitzen Messer im Zick-Zack-Muster einschneiden.

8_ Das Backblech in den vorgeheizten Backofen schieben. Die Gebäckrolle
etwa 40 Minuten backen.

9_ Das Backblech auf einen Kuchenrost stellen. Die Gebäckrolle mit
der restlichen, flüssigen Butter bestreichen und mit Puderzucker
bestäuben. Weihnachtsrolle erkalten lassen.

Pro Stück: E: 4 g, F: 11 g, Kh: 26 g, kJ: 927, kcal: 221

Backpflaumenstriezel

etwa 20 Stücke – Raffiniert – für Geübte

Für den Hefeteig:
375 g Weizenmehl
1 Pck. Dr. Oetker Trockenbackhefe
1 Prise Salz
75 g Zucker
1 Pck. Dr. Oetker Finesse
    Geriebene Zitronenschale
1 Ei (Größe M)
50 g zerlassene, abgekühlte Butter
    oder Margarine
200 ml lauwarme Milch

Für den Belag:
250 g entsteinte getrocknete
    Pflaumen
50 g Rosinen
50 ml Multivitaminsaft
1 TL Koriandersamen
100 g gewürfeltes Zitronat
    (Sukkade)
100 g gehackte Mandeln
1 Pck. Dr. Oetker Vanillin-Zucker
½ TL Lebkuchengewürz

Zum Bestreichen und Belegen:
1 Eigelb
1 EL Milch
etwa 20 abgezogene Mandeln

Zubereitungszeit: **40 Minuten,
ohne Teiggeh- und Einweichzeit**
Backzeit: **25–30 Minuten**

1_ Für den Teig Mehl in einer Rührschüssel mit der Trockenbackhefe sorgfältig vermischen. Restliche Zutaten für den Teig hinzufügen und mit Handrührgerät mit Knethaken zunächst kurz auf niedrigster, dann auf höchster Stufe in etwa 5 Minuten zu einem glatten Teig verarbeiten. Den Teig zugedeckt so lange an einem warmen Ort gehen lassen, bis er sich sichtbar vergrößert hat (etwa 30 Minuten).

2_ Für den Belag Pflaumen in kleine Würfel schneiden, mit Rosinen in eine flache Schale geben, mit Multivitaminsaft übergießen und etwa 20 Minuten einweichen. Inzwischen Koriandersamen im Mörser etwas zerstoßen.

3_ Zitronat mit Mandeln, Vanillin-Zucker, Lebkuchengewürz und Koriander mischen und unter die Pflaumenmasse rühren.

4_ Den gegangenen Teig leicht mit Mehl bestäuben, aus der Schüssel nehmen, auf der leicht bemehlten Arbeitsfläche nochmals kurz durchkneten und zu einem Rechteck (etwa 30 x 35 cm) ausrollen. Das Teigstück auf ein Backblech (gefettet, mit Backpapier belegt) legen. Die Pflaumenmasse in die Mitte des Teigstücks geben und gleichmäßig zu einem Rechteck (etwa 11 x 35 cm) verstreichen.

5_ Den nicht bestrichenen Teig rechts und links von der Füllung im Abstand von etwa 2 ½ cm in diagonale Streifen schneiden. Jeweils am oberen Ende beginnend und abwechselnd einen linken und rechten Teigstreifen über die Füllung legen, sodass diese sich am Ende kreuzen. Diesen Vorgang so lange wiederholen, bis alle Teigstreifen verbraucht sind.

6_ Den Backofen vorheizen.
Ober-/Unterhitze: etwa 200 °C, Heißluft: etwa 180 °C

7_ Den Striezel nochmals zugedeckt etwa 20 Minuten an einem warmen Ort gehen lassen.

8_ Zum Bestreichen und Belegen Eigelb mit Milch verschlagen. Den Striezel damit bestreichen und mit den Mandeln belegen. Das Backblech in den vorgeheizten Backofen schieben. Backpflaumenstriezel 25–30 Minuten backen.

9_ Den Backpflaumenstriezel vom Backblech nehmen und auf einem mit Backpapier belegten Kuchenrost erkalten lassen.

Tipp: Statt Zitronat Orangeat oder Früchtemix verwenden.

Pro Stück: E: 5 g, F: 7 g, Kh: 32 g, kJ: 887, kcal: 212

Weihnachtshappen

etwa 70 Stück – Raffiniert – gut vorzubereiten

Für den Rührteig:
125 g abgezogene, ganze Mandeln
200 g weiche Butter oder
  Margarine
200 g Zucker
1 Prise Salz
2–3 gestr. TL gemahlener Zimt
1 Msp. gemahlene Nelken
2 Eier (Größe M)
250 g Weizenmehl
1 gestr. TL Dr. Oetker Backin
100 g geriebene Zartbitter-
  Schokolade
100 g Grümmel
  (gestoßener brauner Kandis)

Für den Guss:
150 g dunkle Kuchenglasur

Zum Bestreuen:
evtl. 50 g Raspelschokolade

Zubereitungszeit: **50 Minuten,
ohne Abkühlzeit**
Backzeit: **etwa 25 Minuten**

1_ Den Backofen vorheizen.
Ober-/Unterhitze: etwa 180 °C, Heißluft: etwa 160 °C

2_ Für den Teig Mandeln in dicke Scheiben schneiden oder grob hacken.
Die Butter oder Margarine in einer Rührschüssel mit Handrührgerät
mit Rührbesen auf höchster Stufe geschmeidig rühren. Nach und nach
Zucker, Salz, Zimt und Nelken unterrühren. So lange rühren, bis eine
gebundene Masse entstanden ist.

3_ Jedes Ei etwa ½ Minute unterrühren. Mehl mit Backpulver mischen,
in 2 Portionen auf mittlerer Stufe unterrühren. Zuletzt geriebene
Schokolade, Grümmel und gehackte Mandeln unter den Teig heben.

4_ Den Teig auf ein Backblech (30 x 40 cm, gefettet, mit Backpapier belegt)
geben und glatt streichen. Vor den Teig einen mehrfach geknickten
Streifen Alufolie legen.

5_ Das Backblech in den vorgeheizten Backofen schieben. Die Gebäckplatte etwa 25 Minuten backen.

6_ Das Backblech auf einen Kuchenrost stellen. Die Gebäckplatte erkalten
lassen. Alufolie entfernen.

7_ Für den Guss die Kuchenglasur nach Packungsanleitung auflösen.
Das Gebäck damit bestreichen und kurz kalt stellen.

8_ Dann mit einer Gabel Verzierungen durch den Guss ziehen. Oder das
Gebäck mit Raspelschokolade bestreuen (Foto). Guss fest werden
lassen.

9_ Die Gebäckplatte mit einem scharfen Messer in Quadrate
(etwa 4 x 4 cm) schneiden.

Tipp: Sie können das Gebäck auch mit einem Kuvertüreguss überziehen. Dafür 200 g Zartbitter-Kuvertüre in Stücke hacken, mit
2 Esslöffeln Speiseöl in einem kleinen Topf im heißen Wasserbad bei
schwacher Hitze unter Rühren schmelzen. Die Gebäckplatte damit
bestreichen. Kuvertüre fest werden lassen. Die Weihnachtshappen
sind in gut schließenden Dosen etwa 2 Wochen haltbar.

Pro Stück: E: 1 g, F: 4 g, Kh: 10 g, kJ: 351, kcal: 84

Früchtekuchen

etwa 15 Stücke – Klassisch

Für den Teig:
100 g Haselnusskerne
100 g getrocknete Feigen
100 g Zitronat (Sukkade)
2 Eier (Größe M)
100 g Zucker
1 Pck. Dr. Oetker Vanillin-Zucker
½ Röhrchen Rum-Aroma
1 Msp. gemahlener Zimt
200 g Rosinen
50 g gehackte Mandeln
100 g Weizenmehl
40 g Speisestärke
1 gestr. TL Dr. Oetker Backin

Zubereitungszeit: **30 Minuten,
ohne Abkühlzeit**
Backzeit: **etwa 75 Minuten**

1_ Den Backofen vorheizen.
Ober-/Unterhitze: etwa 180 °C, Heißluft: etwa 160 °C

2_ Für den Teig Haselnusskerne grob hacken. Von den Feigen die Stiele abschneiden. Zitronat und Feigen in Würfel schneiden. Eier in einer Rührschüssel mit Handrührgerät mit Rührbesen auf höchster Stufe schaumig schlagen. Nach und nach Zucker und Vanillin-Zucker hinzugeben. So lange schlagen, bis eine cremige Masse entstanden ist.

3_ Aroma und Zimt unterrühren. Haselnusskerne, Zitronat- und Feigen-würfel mit Rosinen und Mandeln kurz unter die Eiercreme rühren.

4_ Mehl mit Speisestärke und Backpulver mischen und in 2 Portionen auf mittlerer Stufe unterrühren. Den Teig in eine Kastenform (25 x 11 cm, gefettet, mit Backpapier ausgelegt) füllen und glatt streichen.

5_ Die Form auf dem Rost in den vorgeheizten Backofen (unteres Drittel) schieben. Den Kuchen etwa 75 Minuten backen.

6_ Die Form auf einen Kuchenrost stellen. Den Früchtekuchen etwa 10 Minuten in der Form stehen lassen, dann aus der Form lösen und auf einen Kuchenrost stürzen. Das Backpapier vorsichtig abziehen. Kuchen wieder umdrehen und erkalten lassen.

Tipp: Den Früchtekuchen nach Belieben zusätzlich mit Puderzucker- oder Schokoladenguss (aus 100 g geschmolzener Schokolade mit 1 Teelöffel Speiseöl verrührt) überziehen (Foto). Der Früchtekuchen ist gut verpackt und gekühlt 3–4 Wochen haltbar.

Pro Stück: E: 4 g, F: 7 g, Kh: 32 g, kJ: 887, kcal: 212

Honigkranz, gefüllt

etwa 20 Stücke – Raffiniert – mit Alkohol

Für den Lebkuchenteig:
250 g flüssiger Honig
150 g Butter oder Margarine
1 Pck. Dr. Oetker Vanillin-Zucker
2 gestr. TL gemahlener Zimt
1 Msp. gemahlene Nelken
1 Msp. gemahlener Kardamom
2 Tropfen Bittermandel-Aroma
2 Eier (Größe M)
375 g Weizenmehl
4 gestr. TL Dr. Oetker Backin
20 g gesiebtes Kakaopulver
2–3 EL Rum

Für die Füllung:
250 g Butter
400 g Sahne-Pudding Vollmilch-
   Schokolade (aus dem Kühlregal)
100 g Kokosfett

Zum Bestreichen:
3–4 EL Aprikosenkonfitüre

Zum Garnieren:
150 g abgezogene Mandeln
50 g aufgelöste Zartbitter-
   Schokolade

Zubereitungszeit: **55 Minuten,
ohne Kühlzeit**
Backzeit: **etwa 40 Minuten**

1_ Für den Teig Honig, Butter oder Margarine und Vanillin-Zucker in einem Topf unter Rühren erwärmen, bis Fett und Vanillin-Zucker geschmolzen sind. In eine Rührschüssel geben und kurz kalt stellen.

2_ Den Backofen vorheizen.
Ober-/Unterhitze: etwa 180 °C, Heißluft: etwa 160 °C

3_ Unter die fast erkaltete Masse mit Handrührgerät mit Rührbesen auf höchster Stufe Zimt, Nelken, Kardamom und Aroma rühren. Jedes Ei etwa ½ Minute unterrühren. Mehl mit Backpulver und Kakao mischen, in 2 Portionen mit dem Rum auf mittlerer Stufe unterrühren.

4_ Den Teig in eine Kranzform (Ø 24 cm, gefettet) geben und glatt streichen. Die Form auf dem Rost in den vorgeheizten Backofen schieben. Den Honigkranz etwa 40 Minuten backen.

5_ Den Honigkranz aus der Form lösen und auf einen mit Backpapier belegten Kuchenrost stürzen. Honigkranz erkalten lassen.

6_ Für die Füllung Butter mit Handrührgerät mit Rührbesen geschmeidig rühren. Sahne-Pudding nach und nach unterrühren (dabei darauf achten, dass Butter und Pudding Zimmertemperatur haben, da die Creme sonst gerinnt). Kokosfett zerlassen und unterrühren. Etwas von der Schokoladencreme zum Verzieren in einen Spritzbeutel mit Lochtülle füllen und beiseitelegen.

7_ Den Honigkranz zweimal waagerecht durchschneiden. Die beiden unteren Böden zuerst mit der Konfitüre, dann mit der Hälfte der Schokoladencreme bestreichen. Die einzelnen Böden wieder zu einem Kranz zusammensetzen. Den Kranz mit der restlichen Schokoladencreme bestreichen.

8_ Zum Garnieren Mandeln zur Hälfte in die aufgelöste Schokolade tauchen und auf Backpapier legen. Schokolade fest werden lassen.

9_ Den Honigkranz mit den Schokoladenmandeln garnieren und mit der beiseitegelegten Schokoladencreme aus dem Spritzbeutel verzieren. Mit Kakao bestäuben.

Tipp: 100 g Marzipan-Rohmasse mit 50 g Puderzucker verkneten und ausrollen. Kleine Dreiecke ausrädeln, evtl. mit geschmolzener Schokolade besprenkeln. Die Marzipandreiecke mit den Mandeln auf den Honigkranz legen. Weicher wird der Honigkranz, wenn Sie ihn bei Ober-/Unterhitze backen.

Pro Stück: E: 5 g, F: 29 g, Kh: 32 g, kJ: 1755, kcal: 419

Schnitzbrot

etwa 30 Stücke – Etwas aufwändiger

Für die Füllung:
250 g getrocknete Birnenhälften
250 g getrocknete, entsteinte
  Pflaumen
125 ml (⅛ l) kochendes Wasser

Für den Hefeteig:
400 g Weizenmehl
1 Pck. Dr. Oetker Trockenbackhefe
1 Prise Salz
1 EL Zucker
1 Msp. gemahlene Nelken
1 Msp. Muskatblüte (Macis)
1 gestr. TL gemahlener Zimt
125 ml (⅛ l) lauwarmes Wasser
125 ml (⅛ l) Speiseöl
100 g gehackte Haselnusskerne

Zubereitungszeit: **50 Minuten,
ohne Einweich- und Teiggehzeit**
Backzeit: **etwa 50 Minuten**

1_ Für die Füllung die Birnenhälften und Pflaumen grob zerkleinern, mit Wasser übergießen und zugedeckt 2 Stunden einweichen.

2_ Für den Teig Mehl in einer Rührschüssel mit Trockenbackhefe sorgfältig vermischen, Salz, Zucker, Gewürze, Wasser und Speiseöl hinzufügen. Die Zutaten mit Handrührgerät mit Knethaken zunächst kurz auf niedrigster, dann auf höchster Stufe in etwa 5 Minuten zu einem glatten Teig verarbeiten. Den Teig zugedeckt so lange an einem warmen Ort gehen lassen, bis er sich sichtbar vergrößert hat (etwa 60 Minuten).

3_ Die eingeweichten Früchte und Haselnusskerne kurz unter den Teig kneten. Den Teig zugedeckt nochmals etwa 30 Minuten an einem warmen Ort gehen lassen.

4_ Den gegangenen Teig leicht mit Mehl bestäuben, aus der Schüssel nehmen und auf der leicht bemehlten Arbeitsfläche zu einem ovalen Brot (etwa 35 x 10 cm) formen. Den Brotlaib auf ein Backblech (gefettet, mit Backpapier belegt) legen und einen Brotring darumstellen. Ersatzweise einen Streifen Alufolie der Länge nach 2-mal falten und als Ring um den Teig legen, damit der Teig nicht auseinanderläuft.

5_ Den Backofen vorheizen.
Ober-/Unterhitze: etwa 180 °C, Heißluft: etwa 160 °C

6_ Den Brotlaib nochmals zugedeckt so lange an einem warmen Ort gehen lassen, bis es sich sichtbar vergrößert hat (etwa 30 Minuten). Den Brotlaib mit einem Messer der Länge nach etwa 1 cm tief einschneiden. Das Backblech in den vorgeheizten Backofen schieben. Das Schnitzbrot etwa 50 Minuten backen.

7_ Das Schnitzbrot mit dem Backpapier vom Backblech auf einen Kuchenrost ziehen und erkalten lassen.

Tipp: Das Schnitzbrot kann auch in einer Kastenform (35 x 11 cm, leicht gefettet) gebacken werden. Aus dem Teig kann man auch 4 kleine Brote formen und diese etwa 35 Minuten bei gleicher Backofentemperatur backen.

Pro Stück: E: 2 g, F: 6 g, Kh: 20 g, kJ: 667, kcal: 159

Lebkuchen-Schmand-Rauten

etwa 20 Stücke – Fruchtig

Zum Vorbereiten:
2 Dosen Aprikosenhälften
  (Abtropfgewicht je 480 g)
100 g Edelbitter-Schokolade
  (70 % Kakaoanteil)

Für den Rührteig:
250 g weiche Butter oder
  Margarine
175 g Zucker
1 Pck. Dr. Oetker Vanillin-Zucker
5 Eier (Größe M)
1 Pck. Dr. Oetker Finesse
  Orangenschalen-Aroma
200 g Weizenmehl
2 gestr. TL Dr. Oetker Backin
3 gestr. TL Lebkuchengewürz
5 EL Aprikosensaft (aus den Dosen)

Für den Belag:
2 Pck. Dr. Oetker Pudding-Pulver
  Vanille-Geschmack
100 g Zucker
200 g Schlagsahne
500 ml (½ l) Milch
600 g Schmand (Sauerrahm)
50 g gehackte Pistazienkerne

Zubereitungszeit: **60 Minuten,
ohne Abkühlzeit**
Backzeit: **etwa 35 Minuten**

1_ Zum Vorbereiten Aprikosenhälften auf einem Sieb gut abtropfen lassen. Den Saft dabei auffangen und 5 Esslöffel abmessen. Schokolade in Stücke brechen und in einem kleinen Topf im heißen Wasserbad bei schwacher Hitze unter Rühren schmelzen.

2_ Für den Teig Butter oder Margarine mit Handrührgerät mit Rührbesen auf höchster Stufe geschmeidig rühren. Nach und nach Zucker und Vanillin-Zucker unterrühren. So lange rühren, bis eine gebundene Masse entstanden ist. Jedes Ei etwa ½ Minute unterrühren. Aroma unterrühren.

3_ Mehl mit Backpulver mischen und in 2 Portionen auf mittlerer Stufe unterrühren. Lebkuchengewürz, Aprikosensaft und geschmolzene Schokolade unterrühren. Einen Backrahmen auf ein Backblech (30 x 40 cm, gefettet) stellen. Den Teig in dem Backrahmen verteilen. Die Aprikosenhälften mit der Wölbung nach oben auf den Teig legen.

4_ Den Backofen vorheizen.
Ober-/Unterhitze: etwa 180 °C, Heißluft: etwa 160 °C

5_ Für den Belag aus Pudding-Pulver, Zucker, Sahne und Milch einen Pudding nach Packungsanleitung (aber mit den hier angegebenen Zutaten) zubereiten. Den Topf von der Kochstelle nehmen. Schmand unter den heißen Pudding rühren. Die Pudding-Schmand-Masse auf den Aprikosenhälften verteilen und glatt streichen.

6_ Das Backblech in den vorgeheizten Backofen schieben. Kuchen etwa 35 Minuten backen.

7_ Den Kuchen im ausgeschalteten Backofen bei leicht geöffneter Backofentür noch etwa 15 Minuten stehen lassen. Dann das Backblech aus dem Backofen nehmen und auf einen Kuchenrost stellen. Den Kuchen erkalten lassen.

8_ Pistazienkerne auf den Kuchen streuen. Den Backrahmen vorsichtig lösen und entfernen. Den Kuchen in Rauten schneiden.

Tipp: Die Schmand-Rauten können auch ohne Lebkuchengewürz gebacken werden. Ohne Pistazienkerne kann der Kuchen auch eingefroren werden.

Pro Stück: E: 5 g, F: 27 g, Kh: 39 g, kJ: 1787, kcal: 423

Russischer Honigkuchen

etwa 20 Stücke – Gut vorzubereiten – mit Alkohol

Zum Vorbereiten:
75 g Rosinen
75 g Korinthen
4 EL Wodka

Für den Lebkuchenteig:
250 g flüssiger Honig
80 g Zucker
1 Pck. Dr. Oetker Vanillin-Zucker
125 g Butter oder Margarine
100 g Schweineschmalz
2 Eier (Größe M)
je 1 gestr. TL Zimt, Nelken,
    Kardamom (alles gemahlen)
6 Tropfen Bittermandel-Aroma
1 Fläschchen Rum-Aroma
375 g Weizenmehl
20 g gesiebtes Kakaopulver
4 gestr. TL Dr. Oetker Backin
125 ml (⅛ l) Milch
100 g gehackte Walnusskerne
je 50 g fein gehacktes Zitronat
    (Sukkade) und Orangeat

Zum Bestreichen:
100 ml Wasser
80 g Zucker
3 EL Wodka

Für den Guss:
100 g gesiebter Puderzucker
2–3 EL Wodka

Zum Garnieren:
etwas Orangeat und Zitronat
    (Sukkade)
einige Walnusskernhälften

Zubereitungszeit: **60 Minuten,
ohne Einweich- und Kühlzeit**
Backzeit: **etwa 30 Minuten**

1_ Zum Vorbereiten Rosinen und Korinthen in eine Schale geben und mit Wodka vermischen. Zugedeckt einige Stunden oder über Nacht einweichen.

2_ Den Backofen vorheizen.
Ober-/Unterhitze: etwa 180 °C, Heißluft: etwa 160 °C

3_ Für den Teig Honig, Zucker, Vanillin-Zucker, Butter oder Margarine und Schweineschmalz in einem Topf unter Rühren langsam erwärmen, zerlassen, in eine Schüssel geben und kalt stellen. Unter die fast erkaltete Masse Eier, Zimt, Nelken, Kardamom und Aromen rühren.

4_ Mehl mit Kakao und Backpulver mischen und abwechselnd mit der Milch in mehreren Portionen nach und nach unterrühren. Eingeweichte Rosinen und die Korinthen mit Walnusskernen, Zitronat und Orangeat unter den Teig rühren. Den Teig auf ein Backblech (30 x 40 cm, gefettet) geben und glatt streichen.

5_ Das Backblech in den vorgeheizten Backofen schieben. Den Honigkuchen etwa 30 Minuten backen.

6_ Zum Bestreichen Wasser und Zucker in einem kleinen Topf zum Kochen bringen und unter Rühren etwas einkochen lassen. Wodka unterrühren.

7_ Das Backblech auf einen Kuchenrost stellen. Den heißen Honigkuchen mit der Wodka-Zuckerwasser-Mischung bestreichen. Den Honigkuchen erkalten lassen.

8_ Für den Guss Puderzucker mit Wodka zu einer dünnflüssigen Masse verrühren. Den Honigkuchen damit bestreichen.

9_ Zum Garnieren Orangeat und Zitronat in kleine Würfel schneiden. Den Honigkuchen mit Walnusskernhälften, Orangeat- und Zitronatwürfeln garnieren. Den Guss trocknen lassen.

Tipp: Russischer Honigkuchen hält sich in Alufolie gewickelt etwa 2 Wochen frisch.

Pro Stück: E: 4 g, F: 15 g, Kh: 47 g, kJ: 1594, kcal: 381

Schoko-Gewürzkuchen

etwa 16 Stücke – Klassisch

Für den Schüttelteig:
125 g Butter
300 g Weizenmehl
4 gestr. EL gesiebtes Kakaopulver
3 gestr. TL Dr. Oetker Backin
200 g Zucker
1 Pck. Dr. Oetker Vanillin-Zucker
2 gestr. TL Lebkuchengewürz
4 Eier (Größe M)
300 g Schlagsahne

Für den Sirup:
200 ml Wasser
100 g Zucker
1 Pck. Dr. Oetker Finesse
   Orangenschalen-Aroma

Zum Bestäuben:
etwas Puderzucker

Zubereitungszeit: **15 Minuten,
ohne Abkühlzeit**
Backzeit: **50–55 Minuten**

1_ Für den Teig Butter zerlassen und abkühlen lassen.

2_ Den Backofen vorheizen.
   Ober-/Unterhitze: etwa 180 °C, Heißluft: etwa 160 °C

3_ Mehl mit Kakao und Backpulver mischen, in eine verschließbare
   Schüssel (etwa 3-Liter-Inhalt) geben und mit Zucker, Vanillin-Zucker
   und Lebkuchengewürz mischen. Eier, Sahne und die flüssige Butter
   hinzufügen. Die Schüssel mit dem Deckel fest verschließen.

4_ Die Schüssel mehrmals kräftig schütteln (insgesamt 15–30 Sekunden),
   sodass alle Zutaten gut vermischt sind. Alles mit einem Schneebesen
   oder Rührlöffel nochmals sorgfältig durchrühren, damit trockene
   Zutaten vom Rand mit untergerührt werden.

5_ Den Teig in eine Napfkuchenform (Ø 22 cm, gefettet, bemehlt) füllen
   und glatt streichen. Die Form auf dem Rost in den vorgeheizten
   Backofen schieben. Den Kuchen 50–55 Minuten backen.

6_ Die Form auf einen Kuchenrost stellen. Den Kuchen etwa 10 Minuten
   in der Form stehen lassen.

7_ In der Zwischenzeit für den Sirup Wasser, Zucker und Orangenschalen-
   Aroma in einem Topf zum Kochen bringen und unter gelegentlichem
   Rühren etwa 5 Minuten sprudelnd kochen lassen.

8_ Den heißen Kuchen in der Form dicht an dicht mit einem Holzstäbchen
   einstechen und mit dem Sirup beträufeln. Wenn die gesamte Flüssigkeit aufgesogen ist, den Kuchen vorsichtig aus der Form lösen und auf
   eine Platte stürzen. Gewürzkuchen erkalten lassen.

9_ Den Gewürzkuchen vor dem Servieren mit Puderzucker bestäuben.

Pro Stück: E: 4 g, F: 15 g, Kh: 35 g, kJ: 1210, kcal: 289

Weihnachtsstern

etwa 12 Stücke – Für Gäste – mit Alkohol

Für den Rührteig:
200 g weiche Butter oder
   Margarine
150 g Zucker
1 Pck. Dr. Oetker Vanillin-Zucker
1 Pck. Dr. Oetker Finesse
   Orangenschalen-Aroma
1 gestr. TL gemahlener Ingwer
1 Prise Salz
4 Eier (Größe M)
225 g Weizenmehl
2 ½ gestr. TL Dr. Oetker Backin
100 g gewürfeltes Zitronat
   (Sukkade)
100 g gewürfeltes Orangeat
75 g gewürfelte, getrocknete
   Aprikosen
100 g gewürfelte Belegkirschen
   (evtl. vor dem Schneiden
   abspülen)
100 g gehackte Cashewkerne
75 g Kokosraspel

Zum Tränken:
100 ml Orangensaft
2 EL Orangenlikör

Für den Guss:
350–400 g gesiebter Puderzucker
3 EL Orangenlikör
etwa 3 EL Wasser

Zum Garnieren:
kandierte Früchte, z. B. Orangen-
   scheibenhälften, Kirschen

Außerdem:
1 Sternbackform
   (etwa 1 ½-Liter-Inhalt)

Zubereitungszeit: **30 Minuten,
ohne Trockenzeit**
Backzeit: **etwa 60 Minuten**

1_ Den Backofen vorheizen.
Ober-/Unterhitze: etwa 180 °C, Heißluft: etwa 160 °C

2_ Für den Teig Butter oder Margarine mit Handrührgerät mit Rührbesen auf höchster Stufe geschmeidig rühren. Nach und nach Zucker, Vanillin-Zucker, Aroma, Ingwer und Salz unterrühren. So lange rühren, bis eine gebundene Masse entstanden ist. Jedes Ei etwa ½ Minute unterrühren.

3_ Mehl mit Backpulver mischen, in 2 Portionen auf mittlerer Stufe unterrühren. Zitronat, Orangeat, Aprikosen, Belegkirschen, Cashewkerne und Kokosraspel vorsichtig auf mittlerer Stufe unter den Teig rühren. Den Teig in eine Sternbackform (etwa 1 ½-Liter-Inhalt, gefettet, mit Semmelbröseln ausgestreut) geben und glatt streichen.

4_ Die Form auf dem Rost in den vorgeheizten Backofen schieben. Den Gebäckstern etwa 60 Minuten backen.

5_ Die Form auf einen Kuchenrost stellen. Den Gebäckstern etwa 10 Minuten in der Form stehen lassen, dann aus der Form lösen und auf einen Kuchenrost stürzen. Gebäckstern erkalten lassen.

6_ Zum Tränken Orangensaft und -likör mischen. Den Kuchen damit tränken (mithilfe eines Pinsels).

7_ Für den Guss Puderzucker mit Orangenlikör und Wasser zu einer dickflüssigen Masse verrühren. Den Gebäckstern damit überziehen und mit kandierten Früchten garnieren. Guss trocknen lassen.

Tipp: Wenn Kinder mitessen, den Orangenlikör zum Tränken und für den Guss durch Orangensaft ersetzen. Den Stern vor dem Verzehr mindestens 1 Tag durchziehen lassen. Er ist gut verpackt und gekühlt etwa 10 Tage haltbar.

Pro Stück: E: 7 g, F: 24 g, Kh: 82 g, kJ: 2543, kcal: 607

Glühwein-Dreispitze

etwa 60 Stück – Mit Alkohol

Für den Rührteig:
250 g weiche Butter oder
   Margarine
250 g Zucker
1 Pck. Dr. Oetker Vanillin-Zucker
4 Eier (Größe M)
250 g Weizenmehl
1 Pck. Dr. Oetker Backin
125 ml (⅛ l) kalter Glühwein
100 g gehackte Zartbitter-
   Schokolade

Zum Bestreuen:
120 g gehackte Mandeln

Für die Glasur:
200 g gesiebter Puderzucker
3–4 EL Glühwein

Zubereitungszeit: **35 Minuten,
ohne Abkühlzeit**
Backzeit: **etwa 25 Minuten**

1_ Den Backofen vorheizen.
   Ober-/Unterhitze: etwa 200 °C, Heißluft: etwa 180 °C

2_ Für den Teig Butter oder Margarine in einer Rührschüssel mit Handrühr-gerät mit Rührbesen auf höchster Stufe geschmeidig rühren. Nach und nach Zucker und Vanillin-Zucker unterrühren. So lange rühren, bis eine gebundene Masse entstanden ist.

3_ Jedes Ei etwa ½ Minute unterrühren. Mehl mit Backpulver mischen, abwechselnd mit dem Glühwein in 2 Portionen auf mittlerer Stufe unterrühren. Die Schokoladenstückchen unterrühren.

4_ Den Teig auf ein Backblech (30 x 40 cm, gefettet, mit Backpapier belegt) geben und glatt streichen. Vor den Teig einen mehrfach geknickten Streifen Alufolie legen. Das Backblech in den vorgeheizten Backofen schieben. Gebäckplatte etwa 25 Minuten backen.

5_ Die Gebäckplatte vom Backblechrand lösen und mit dem Backpapier vom Backblech auf einen Kuchenrost ziehen.

6_ Zum Bestreuen Mandeln in einer Pfanne ohne Fett unter Rühren leicht bräunen, herausnehmen und auf einem Teller erkalten lassen.

7_ Für die Glasur Puderzucker mit Glühwein zu einer dickflüssigen Masse verrühren. Die noch warme Gebäckplatte damit bestreichen und mit Mandeln bestreuen. Guss fest werden lassen.

8_ Die Gebäckplatte mit einem scharfen Messer in Dreiecke schneiden.

Tipp: Das Gebäck hält sich auf dem Backblech, mit Alufolie gut zugedeckt, 2–3 Tage frisch. Die Glühwein-Dreispitze sind in einer gut schließenden Dose 2–3 Wochen haltbar.

Pro Stück: E: 1 g, F: 6 g, Kh: 12 g, kJ: 436, kcal: 104

Cranberry-Cake
etwa 12 Stücke – Einfach

Für den Rührteig:
3 Eiweiß (Größe M)
175 g weiche Butter oder
    Margarine
150 g Zucker
1 Pck. Dr. Oetker Vanillin-Zucker
1 Prise Salz
1 Pck. Dr. Oetker Finesse Geriebene
    Zitronenschale
3 Eigelb (Größe M)
175 g Weizenmehl
2 gestr. TL Dr. Oetker Backin
3 EL Milch
100 g Zartbitter-Raspelschokolade
100 g getrocknete Cranberries

Für den Guss:
150 g Zartbitter-Schokolade
1 EL Speiseöl, z. B. Sonnen-
    blumenöl
25 g getrocknete Cranberries

Zubereitungszeit: **30 Minuten,
ohne Abkühlzeit**
Backzeit: **etwa 40 Minuten**

1_ Den Backofen vorheizen.
Ober-/Unterhitze: etwa 180 °C, Heißluft: etwa 160 °C

2_ Für den Teig Eiweiß so steif schlagen, dass ein Messerschnitt sichtbar bleibt. Butter oder Margarine in einer Rührschüssel mit Handrührgerät mit Rührbesen auf höchster Stufe geschmeidig rühren. Nach und nach Zucker, Vanillin-Zucker, Salz und Zitronenschale unterrühren. So lange rühren, bis eine gebundene Masse entstanden ist.

3_ Jedes Eigelb knapp ½ Minute unterrühren. Mehl mit Backpulver mischen und in 2 Portionen abwechselnd mit der Milch auf mittlerer Stufe unterrühren. Eischnee unterheben. Zuletzt Raspelschokolade und Cranberries unterheben.

4_ Den Teig in eine Springform (Ø 26 cm, Boden gefettet) geben und glatt streichen. Die Form auf dem Rost in den vorgeheizten Backofen schieben. Den Kuchen etwa 40 Minuten backen.

5_ Den Kuchen aus der Form lösen und auf einem Kuchenrost erkalten lassen.

6_ Für den Guss Schokolade in Stücke brechen und mit Speiseöl in einem kleinen Topf im heißen Wasserbad bei schwacher Hitze unter Rühren schmelzen. Den Guss gleichmäßig auf dem Kuchen verstreichen und in „Nasen" am Rand herunterlaufen lassen. Die Cranberries auf den noch feuchten Guss streuen. Den Guss fest werden lassen.

Tipp: Statt mit dem Schokoladenguss können Sie den Kuchen auch mit Schokoladensahne bestreichen. Dazu 400 g Schlagsahne mit 1 Päckchen Saucenpulver Schokoladen-Geschmack (ohne Kochen) steif schlagen. Nach Wunsch 3 Esslöffel Raspelschokolade unterrühren. Die Sahne gleichmäßig auf dem Kuchen verstreichen. Mit einem Löffel wellenförmig verzieren. Restliche Cranberries daraufstreuen.

Pro Stück: E: 5 g, F: 21 g, Kh: 42 g, kJ: 1580, kcal: 377

Whisky-Früchtekuchen

etwa 20 Stücke – Gut vorzubereiten – mit Alkohol

Zum Vorbereiten:
500 g gemischte, getrocknete
  Früchte, z. B. Birnen, Feigen,
  Rosinen, Datteln, Aprikosen
250 g gemischte, kandierte
  Früchte, z. B. Kirschen rot und
  grün, Orangen, Ingwer, Ananas,
  Zitronat (Sukkade)
225 ml Whisky

Für den Rührteig:
225 g weiche Butter oder
  Margarine
250 g brauner Zucker (Kandisfarin)
2 Pck. Dr. Oetker Bourbon-
  Vanille-Zucker
6 Eier (Größe M)
350 g Weizenmehl
3 gestr. TL Dr. Oetker Backin
100 g fein gehackte
  Pekannusskerne
100 g ganze Pekannusskerne
100 g abgezogene, gemahlene
  Mandeln

Zubereitungszeit: **60 Minuten,
ohne Durchziehzeit**
Backzeit: **etwa 100 Minuten**

1_ Zum Vorbereiten getrocknete und kandierte Früchte klein schneiden,
    in einer Schüssel mischen und mit Whisky übergießen. Die Früchte
    zugedeckt über Nacht durchziehen lassen.

2_ Den Backofen vorheizen.
    Ober-/Unterhitze: etwa 160 °C, Heißluft: etwa 140 °C

3_ Für den Teig Butter oder Margarine in einer großen Rührschüssel mit
    Handrührgerät mit Rührbesen auf höchster Stufe geschmeidig rühren.
    Nach und nach Zucker und Vanille-Zucker unterrühren. So lange rühren,
    bis eine gebundene Masse entstanden ist.

4_ Jedes Ei etwa ½ Minute unterrühren. Mehl mit Backpulver mischen, in
    2 Portionen auf mittlerer Stufe unterrühren. Die vorbereiteten Früchte,
    gehackte und ganze Pekannusskerne und Mandeln kurz unter den Teig
    rühren.

5_ Den Teig in eine Napfkuchenform (Ø 24 cm, gefettet, bemehlt) geben
    und glatt streichen. Die Form auf dem Rost in den vorgeheizten
    Backofen schieben und den Früchtekuchen etwa 100 Minuten backen.

6_ Den Kuchen nach etwa 60 Minuten Backzeit mit Backpapier zudecken,
    damit er nicht zu stark bräunt.

7_ Die Form auf einen Kuchenrost stellen. Den Kuchen etwa 10 Minuten
    in der Form stehen lassen, dann aus der Form lösen und auf einen
    mit Backpapier belegten Kuchenrost stürzen. Früchtekuchen erkalten
    lassen.

Pro Stück: E: 6 g, F: 21 g, Kh: 47 g, kJ: 1897, kcal: 453

Dattelkuchen mit Frischkäse

etwa 30 Stücke – Für Gäste

Für den All-in-Teig:
100 g getrocknete, entsteinte
   Datteln
150 g Zartbitter-Schokolade
300 g Weizenmehl
3 gestr. TL Dr. Oetker Backin
2–3 TL Instant-Espresso-Pulver
100 g brauner Zucker (Rohrzucker)
1 Pck. Dr. Oetker Bourbon-Vanille-
   Zucker
1 Prise Salz
4 Eier (Größe M)
175 ml Speiseöl
150 g Joghurt

Für den Belag:
600 g Doppelrahm-Frischkäse
150 g Joghurt
30 g gesiebter Puderzucker
1 Pck. Dr. Oetker Sahnesteif

Zum Bestäuben:
etwas Kakaopulver

Zubereitungszeit: **30 Minuten,
ohne Kühlzeit**
Backzeit: **etwa 20 Minuten**

1_ Den Backofen vorheizen.
Ober-/Unterhitze: etwa 200 °C, Heißluft: etwa 180 °C

2_ Für den Teig die Datteln in kleine Stücke hacken. Schokolade in Stücke brechen und im Zerkleinerer grob hacken.

3_ Mehl mit Backpulver in einer Rührschüssel mischen. Datteln, Schokolade, Espresso-Pulver, Zucker, Vanille-Zucker, Salz, Eier, Speiseöl und Joghurt hinzufügen. Die Zutaten mit Handrührgerät mit Rührbesen zunächst kurz auf niedrigster, dann auf höchster Stufe in etwa 2 Minuten zu einem glatten Teig verarbeiten.

4_ Den Teig auf einem Backblech (30 x 40 cm, gefettet) verteilen und glatt streichen. Das Backblech in den vorgeheizten Backofen schieben. Den Kuchen etwa 20 Minuten backen.

5_ Das Backblech auf einen Kuchenrost stellen. Den Kuchen erkalten lassen.

6_ Für den Belag Frischkäse mit Joghurt aufschlagen. Puderzucker mit Sahnesteif mischen und unterrühren. Die Frischkäsemasse wellenartig auf den Kuchen streichen. Den Kuchen etwa 30 Minuten kalt stellen.

7_ Dattelkuchen mit Frischkäse vor dem Servieren mit Kakao bestäuben.

Tipp: Statt des Frischkäsebelags können Sie auch einen Sahnebelag auf den Teig streichen. Dafür 500 g Schlagsahne etwa ½ Minute schlagen. 50 g Zucker mit 2 Päckchen Dr. Oetker Sahnesteif und 1 Päckchen Dr. Oetker Vanillin-Zucker mischen, einstreuen und die Sahne steif schlagen. 4 Esslöffel Zitronensaft vorsichtig unterziehen. Die Masse gleichmäßig auf dem Kuchen verstreichen und mit 40 g Haselnuss-Krokant bestreuen.

Pro Stück: E: 5 g, F: 15 g, Kh: 17 g, kJ: 947, kcal: 226

Zitronen-Tarte mit Lemoncurd

etwa 12 Stücke – Fruchtig

Für den Knetteig:
160 g Weizenmehl
80 g Butter oder Margarine
40 g Zucker
1 gestr. TL Salz

Für die Füllung:
3 Eier (Größe M)
150 g Crème fraîche
80 g Zucker
100 ml Zitronensaft

Für den Guss:
130 g Lemoncurd
   (Zitronencreme)

Zubereitungszeit: **45 Minuten,
ohne Abkühlzeit**
Backzeit: **etwa 60 Minuten**

1_ Den Backofen vorheizen.
Ober-/Unterhitze: etwa 180 °C, Heißluft: etwa 160 °C

2_ Für den Teig Mehl in eine Rührschüssel geben. Butter oder Margarine, Zucker und Salz hinzufügen. Die Zutaten mit Handrührgerät mit Knethaken zunächst kurz auf niedrigster, dann auf höchster Stufe gut durcharbeiten. Anschließend auf der leicht bemehlten Arbeitsfläche zu einem glatten Teig verkneten. Sollte er kleben, ihn in Frischhaltefolie gewickelt eine Zeit lang kalt stellen.

3_ Zwei Drittel des Teiges auf dem Boden einer Spring- oder Tarteform (Ø 26 cm, gefettet) ausrollen. Den Springformrand um den Spring-formboden legen. Den Teigboden mehrmals mit einer Gabel einstechen. Die Form auf dem Rost in den vorgeheizten Backofen schieben. Den Knetteigboden etwa 15 Minuten vorbacken.

4_ Die Form auf einen Kuchenrost stellen. Den Knetteigboden etwas abkühlen lassen.

5_ Für die Füllung Eier, Crème fraîche und Zucker in einer Rührschüssel zu einer glatten Masse verrühren, Zitronensaft unterrühren.

6_ Restlichen Teig zu einer langen Rolle formen, auf den vorgebackenen Boden legen und so an die Form drücken, dass ein etwa 1 cm hoher Rand entsteht. Die Eier-Crème fraîche-Masse auf den Knetteigboden geben und glatt streichen. Die Form wieder auf dem Rost in den heißen Backofen schieben. Tarte bei gleicher Backofentemperatur in etwa 45 Minuten fertig backen.

7_ Die Tarte etwa 10 Minuten in der Form stehen lassen, dann aus der Form lösen und auf einem Kuchenrost erkalten lassen.

8_ Für den Guss den Lemoncurd glatt rühren. Die Zitronen-Tarte vor dem Servieren mit der Lemoncurd bestreichen.

Pro Stück: E: 4 g, F: 11 g, Kh: 27 g, kJ: 960, kcal: 230

Brownies mit Cashewkernen

etwa 30 Stücke – Für Kinder – schnell

Für den Rührteig:
250 g Zartbitter-Schokolade
50 ml Milch
250 g Cashewkerne, geröstet
   und gesalzen
250 g weiche Butter oder
   Margarine
200 g brauner Zucker
   (Rohrzucker)
1 Pck. Dr. Oetker Vanillin-Zucker
4 Eier (Größe M)
200 g Weizenmehl
20 g gesiebtes Kakaopulver
1 gestr. TL Dr. Oetker Backin

Zum Bestreuen:
50 g weiße Schokolade
50 g Zartbitter-Schokolade

Zubereitungszeit: **30 Minuten**
Backzeit: **etwa 30 Minuten**

1_ Für den Teig 100 g von der Schokolade in Stücke brechen. Milch kurz aufkochen lassen. Den Topf von der Kochplatte nehmen und Schokolade unter Rühren in der Milch schmelzen lassen. Restliche Schokolade (150 g) in Stücke brechen und mit den Cashewkernen portionsweise im Zerkleinerer hacken.

2_ Den Backofen vorheizen.
Ober-/Unterhitze: etwa 180 °C, Heißluft: etwa 160 °C

3_ Butter oder Margarine mit Handrührgerät mit Rührbesen auf höchster Stufe geschmeidig rühren. Nach und nach braunen Zucker und Vanillin-Zucker unterrühren. So lange rühren, bis eine gebundene Masse entstanden ist. Jedes Ei etwa ½ Minute unterrühren. Geschmolzene Schokolade glatt rühren und unterrühren.

4_ Mehl mit Kakao und Backpulver mischen und in 2 Portionen auf mittlerer Stufe unterrühren. Gehackte Schokolade und Cashewkerne unterheben.

5_ Den Teig auf einem tiefen Backblech oder in einer Fettpfanne (30 x 40 cm, gefettet) verteilen. Das Backblech in den vorgeheizten Backofen schieben. Den Kuchen etwa 30 Minuten backen.

6_ Das Backblech auf einen Kuchenrost stellen. Zum Bestreuen weiße und Zartbitter-Schokolade in dünne Streifen schneiden oder schaben und auf den lauwarmen Kuchen streuen.

7_ Den Kuchen auf dem Backblech erkalten lassen.

Pro Stück: E: 4 g, F: 16 g, Kh: 19 g, kJ: 989, kcal: 236

Mohn-Quark-Kuchen

etwa 20 Stücke – Beliebt

Für den Knetteig:

375 g Weizenmehl
1 gestr. TL Dr. Oetker Backin
75 g Zucker
1 Pck. Dr. Oetker Vanillin-Zucker
2 Eier (Größe M)
175 g weiche Butter oder
   Margarine

Für den Quarkbelag:

75 g Butter
2 Eiweiß (Größe M)
750 g Magerquark
150 g Zucker
2 Eigelb (Größe M)
1 Prise Salz
abgeriebene Schale von
   ½ Bio-Zitrone (unbehandelt,
   ungewachst)
1 Pck. Käsekuchenhilfe

Für den Mohnbelag:

1 Pck. (250 g) Mohn-Back
2 EL flüssiger Honig
2 Eier (Größe M)
100 g Sultaninen

Zum Aprikotieren:

3–4 geh. EL Aprikosenkonfitüre
3 EL Wasser

Zubereitungszeit: **45 Minuten**
Backzeit: **etwa 50 Minuten**

1_ Für den Teig Mehl mit Backpulver in einer Rührschüssel mischen. Zucker, Vanillin-Zucker, Eier und Butter oder Margarine hinzufügen. Die Zutaten mit Handrührgerät mit Knethaken zunächst kurz auf niedrigster, dann auf höchster Stufe zu einem Teig verarbeiten. Anschließend auf der leicht bemehlten Arbeitsfläche zu einem glatten Teig verkneten und zu einer Rolle formen.

2_ Den Backofen vorheizen.
Ober-/Unterhitze: etwa 180 °C, Heißluft: etwa 160 °C

3_ Für den Quarkbelag Butter zerlassen und abkühlen lassen. Eiweiß steif schlagen. Quark mit Zucker, Eigelb, Salz, Zitronenschale, zerlassener Butter und Käsekuchenhilfe verrühren. Eischnee unterheben.

4_ Für den Mohnbelag Mohnfüllung mit Honig, Eiern und Sultaninen verrühren. Zwei Drittel des Teiges auf einem Backblech (30 x 40 cm, gefettet) ausrollen und den Quarkbelag gleichmäßig darauf verstreichen. Dann den Mohnbelag darauf verteilen.

5_ Den restlichen Teig dünn ausrollen, etwa 1 cm breite Streifen ausrädeln und die Teigstreifen als Gitter auf die Mohnmasse legen. Das Backblech in den vorgeheizten Backofen schieben. Den Kuchen etwa 50 Minuten backen.

6_ Zum Aprikotieren Aprikosenkonfitüre durch ein Sieb streichen, mit Wasser unter Rühren gut aufkochen lassen und die Teigstreifen sofort nach dem Backen mit einem Backpinsel damit bestreichen. Anschließend das Backblech auf einen Kuchenrost stellen und den Kuchen darauf erkalten lassen.

Pro Stück: E: 10 g, F: 16 g, Kh: 41 g, kJ: 1386, kcal: 331

Weihnachtstorte mit Spekulatius

etwa 14 Stücke – Fruchtig – ohne zu backen

Zum Garnieren:
200 g Zartbitter-Schokolade
1 TL Speiseöl

Für den Boden:
50 g Zartbitter-Schokolade
75 g Butter
250 g Mandel-Spekulatius
   (ersatzweise Buttergebäck
   mit Mandeln)

Für den Belag:
6 Blatt weiße Gelatine
600 g Doppelrahm-Frischkäse
75 g Zucker
100 ml Milch
1 Pck. Dr. Oetker Bourbon-
   Vanille-Zucker
1 Glas Apfelkompott
   (Einwaage 360 g)
gut 1 Msp. gemahlener Nelken
gut 1 Msp. gemahlener Zimt
gut 1 Msp. gemahlener Kardamom

Zubereitungszeit: **45 Minuten,
ohne Kühlzeit**

1_ Zum Garnieren Schokolade in Stücke brechen, mit Speiseöl in einem kleinen Topf im heißen Wasserbad bei schwacher Hitze unter Rühren schmelzen. Ein Viertel der Schokolade (etwa 50 g) etwa 2 mm dünn auf ein Stück Backpapier streichen und fest werden lassen. 6–8 Sterne unterschiedlicher Größe ausstechen. Die restliche flüssige Schokolade für den Belag beiseitestellen.

2_ Für den Boden die Schokolade in Stücke brechen. Butter in einem Topf zerlassen. Den Topf von der Kochstelle nehmen. Die Schokolade darin unter Rühren schmelzen. 12–16 Spekulatius vorsichtig quer halbieren und dicht aneinander innen an einen Springformrand stellen. Die Kekse wieder herausnehmen und beiseitelegen. Die restlichen Kekse in einen Gefrierbeutel füllen. Den Beutel verschließen. Kekse mit einer Teigrolle fein zerbröseln und unter die Butter-Schoko-Masse rühren.

3_ Eine Tortenplatte mit Tortenspitze oder Backpapier belegen und einen Springformrand (Ø 26 cm) daraufstellen. Die Brösel-Schoko-Masse darin verteilen, mit einem Löffel zu einem Boden andrücken und kalt stellen.

4_ Für den Belag Gelatine nach Packungsanleitung einweichen. Frischkäse mit Zucker, Milch und Vanille-Zucker verrühren. Gelatine in einem kleinen Topf bei schwacher Hitze unter Rühren auflösen. Gelatine mit 2–3 Esslöffeln der Frischkäsemasse verrühren, dann unter die restliche Frischkäsemasse rühren.

5_ Vorbereitete Kekshälften wieder in den Springformrand auf den Brösel-Schoko-Boden stellen. Knapp ein Drittel der Frischkäsemasse abnehmen und Apfelkompott unterrühren. Die Frischkäse-Apfel-Masse vorsichtig auf den vorbereiteten Brösel-Schoko-Boden geben und glatt streichen.

6_ Die beiseitegestellte, flüssige Schokolade (von den 200 g) evtl. nochmals kurz erwärmen und unter die restliche Frischkäsemasse rühren. Nelken, Zimt und Kardamom ebenfalls unterrühren. Die Masse vorsichtig esslöffelweise auf der Apfelmus-Frischkäse-Masse verteilen und glatt streichen.

7_ Die Torte etwa 3 Stunden kalt stellen. Anschließend den Springformrand lösen und entfernen. Die Weihnachtstorte mit Spekulatius vor dem Servieren mit den Schokoladensternen garnieren.

Tipp: Die Spekulatius für den Rand lassen sich am besten halbieren, wenn Sie die Bruchstelle vorher mit einem kleinen Sägemesser ansägen und die Kekse dann dort brechen. Garnieren Sie die Torte zusätzlich mit 1–2 grob zerbrochenen Spekulatius. Rühren Sie 2 Esslöffel Rum-Rosinen unter die Apfelmus-Frischkäse-Masse.

Pro Stück: E: 8 g, F: 30 g, Kh: 29 g, kJ: 1755, kcal: 419

Walnuss-Orangen-Torte

etwa 12 Stücke – Für Gäste

Für den Boden:
150 g Walnusskerne
150 g Butter-Vollkornkekse
90 g Butter

Für den Krokant:
40 g Zucker
1 Messerstich Butter

Für die Füllung:
3–4 Orangen
4 Blatt weiße Gelatine
200 g Doppelrahm-Frischkäse
30 g Zucker
50 ml Orangensaft von
   den Orangen

Für den Belag:
4 Blatt weiße Gelatine
400 g Schlagsahne
50 g Puderzucker
50 ml Orangensaft von
   den Orangen

Zum Garnieren:
1 Bio-Orange
   (unbehandelt, ungewachst)
Walnusskerne

**Zubereitungszeit: 45 Minuten,
ohne Kühlzeit**

1_ Für den Boden Walnusskerne in kleine Würfel schneiden. 50 g in eine Rührschüssel geben. Vollkornkekse in einen Gefrierbeutel geben. Den Beutel verschließen. Die Vollkornkekse mit einer Teigrolle fein zerbröseln. Brösel zu den Walnusskernwürfeln in die Rührschüssel geben und vermischen. Butter zerlassen, zu der Bröselmischung geben und gut verrühren.

2_ Einen Springformrand (Ø 26 cm) auf eine mit Tortenspitze oder Backpapier belegte Tortenplatte stellen. Die Bröselmasse darin gleichmäßig verteilen und mit einem Löffel gut zu einem Boden und zu einem etwa 1 cm hohen Rand andrücken. Tortenboden kalt stellen.

3_ Für den Krokant Zucker mit Butter in einer Pfanne so lange erhitzen, bis die Masse leicht gebräunt und der Zucker gelöst ist. Restliche Walnusskernwürfel (100 g) hinzufügen und unter Rühren erhitzen, bis der Krokant genügend gebräunt ist. Die Krokantmasse auf eine Platte (mit Backpapier belegt) geben und erkalten lassen.

4_ Für die Füllung Orangen so schälen, dass die weiße Haut vollständig entfernt wird. Orangen filetieren, den Saft dabei auffangen. Orangenfilets in Stücke schneiden, auf ein Sieb geben und den Saft auffangen. Orangen auspressen. Von dem Orangensaft insgesamt 100 ml abmessen.

5_ Gelatine nach Packungsanleitung einweichen. Frischkäse mit Zucker und 50 ml Orangensaft verrühren. Eingeweichte Gelatine leicht ausdrücken und in einem kleinen Topf unter Rühren bei schwacher Hitze auflösen. Gelatine mit etwa 2 Esslöffeln von der Frischkäsemasse verrühren, dann unter die restliche Frischkäsemasse rühren. Die Orangenstücke unterheben. Die Orangen-Frischkäse-Masse auf den Bröselboden geben und glatt streichen. Die Torte etwa 30 Minuten in den Kühlschrank stellen.

6_ Krokant etwas zerkleinern. Knapp die Hälfte davon auf die Tortenoberfläche streuen. Für den Belag Gelatine nach Packungsanleitung einweichen. Sahne mit Puderzucker steif schlagen. Eingeweichte Gelatine leicht ausdrücken und in einem kleinen Topf unter Rühren bei schwacher Hitze auflösen. Gelatine mit 50 ml Orangensaft verrühren und unter die Sahne heben. Restliches Krokant unterheben. Die Sahnemasse auf die Krokantschicht geben und kuppelartig darauf verstreichen. Die Torte etwa 2 Stunden in den Kühlschrank stellen.

7_ Zum Garnieren Orange heiß abwaschen und abtrocknen. Orange in Scheiben schneiden. Orangenscheiben vierteln. Tortenoberfläche mit den Orangenvierteln und Walnusskernen garnieren.

Pro Stück: E: 6 g, F: 32 g, Kh: 25 g, kJ: 1756, kcal: 420

Schneegestöber-Torte

etwa 12 Stücke – Raffiniert – mit Alkohol

Für den Schüttelteig:
150 g Weizenmehl
3 gestr. TL Dr. Oetker Backin
100 g Zucker
½ Pck. Saucenpulver Vanille-
   Geschmack zum Kochen
4 Eier (Größe M)
150 g zerlassene, abgekühlte
   Butter oder Margarine

Für die Füllung:
8 Blatt weiße Gelatine
600 g Schlagsahne
30 g gesiebter Puderzucker
4 EL Sambuca-Kaffeelikör
5 TL Instant-Kaffeepulver

4 gehackte Baiserschalen

Zum Garnieren und Bestäuben:
1 EL Schoko-Kaffeebohnen
etwas Kakaopulver

Zubereitungszeit: **30 Minuten,
ohne Abkühlzeit**
Backzeit: **etwa 35 Minuten**

1_ Den Backofen vorheizen.
Ober-/Unterhitze: etwa 180 °C, Heißluft: etwa 160 °C

2_ Für den Teig Mehl mit Backpulver mischen, in eine verschließbare Schüssel (etwa 3-Liter-Inhalt) geben, mit Zucker und Saucenpulver mischen. Eier und Butter oder Margarine hinzufügen. Die Schüssel mit dem Deckel fest verschließen.

3_ Die Schüssel mehrmals (insgesamt 15–30 Sekunden) kräftig schütteln, sodass alle Zutaten gut vermischt sind. Alles mit einem Schneebesen oder Rührlöffel nochmals sorgfältig durchrühren, damit trockene Zutaten vom Rand mit untergerührt werden.

4_ Den Teig in eine Springform (Ø 26 cm, Boden gefettet) geben und glatt streichen. Die Form auf dem Rost in den vorgeheizten Backofen schieben. Den Tortenboden etwa 35 Minuten backen.

5_ Den Tortenboden aus der Form lösen und auf einem mit Backpapier belegten Kuchenrost erkalten lassen. Den Tortenboden einmal waage-recht durchschneiden.

6_ Für die Füllung Gelatine nach Packungsanleitung einweichen. Sahne mit Puderzucker steif schlagen. Likör in einem kleinen Topf erwärmen. Eingeweichte Gelatine leicht ausdrücken, mit dem Kaffee-pulver zum Likör geben und unter Rühren auflösen, etwas abkühlen lassen. Ein Drittel der Sahne mit der Gelatineflüssigkeit verrühren. Restliche Sahne unterheben.

7_ Den unteren Gebäckboden auf eine Tortenplatte legen. Gut die Hälfte der Sahnecreme daraufstreichen und mit dem oberen Gebäckboden belegen, etwas andrücken. Tortenoberfläche und -rand mit der rest-lichen Sahnecreme bestreichen und mit den gehackten Baiserschalen bestreuen. Die Tortenoberfläche mit Kaffeebohnen garnieren und mit Kakao bestäuben.

Pro Stück: E: 6 g, F: 29 g, Kh: 31 g, kJ: 1759, kcal: 421

Punschtorte

etwa 12 Stücke – Für Gäste – mit Alkohol

**Für den Biskuitteig
(Teig 2 x zubereiten, Zutaten
je Boden):**
4 Eier (Größe M)
4 EL heißes Wasser
150 g Zucker
1 Pck. Dr. Oetker Vanillin-Zucker
100 g Weizenmehl
100 g Speisestärke
3 gestr. TL Dr. Oetker Backin

Für die Füllung:
1 Pck. Dr. Oetker Finesse
   Orangenschalen-Aroma
100 ml Orangensaft
2–3 EL Zitronensaft
200 ml Rotwein
6 EL Rum
50 g Zartbitter-Schokolade

Zum Bestreichen:
200 g Johannisbeergelee

Für die Marzipandecke:
200 g Marzipan-Rohmasse
100 g gesiebter Puderzucker
etwas grüne Speisefarbe

Für den Guss und zum Garnieren:
200 g gesiebter Puderzucker
2–3 EL kalter Malventee
   (zubereitet aus 1 Aufgussbeutel
   mit 50 ml kochendem Wasser)
einige silberne Zuckerperlen
etwas Puderzucker

Zubereitungszeit: **75 Minuten,
ohne Abkühlzeit**
Backzeit: **25–30 Minuten je Boden**

1_ Den Backofen vorheizen.
Ober-/Unterhitze: etwa 180 °C, Heißluft: etwa 160 °C

2_ Für den Teig Eier und Wasser mit Handrührgerät mit Rührbesen auf höchster Stufe in etwa 1 Minute schaumig schlagen. Zucker mit Vanillin-Zucker mischen, in etwa 1 Minute einstreuen, dann noch etwa 2 Minuten schlagen.

3_ Mehl mit Speisestärke und Backpulver mischen, portionsweise auf die Eiercreme geben und kurz auf niedrigster Stufe unterrühren. Den Teig in eine Springform (Ø 26 cm, Boden gefettet, mit Backpapier belegt) geben und glatt streichen. Die Form auf dem Rost in den vorgeheizten Backofen schieben und den Biskuitboden 25–30 Minuten backen.

4_ Den Biskuitboden aus der Form lösen und auf einem Kuchenrost erkalten lassen. Mitgebackenes Backpapier abziehen. Dann den zweiten Boden ebenso zubereiten und backen. Einen Biskuitboden fein zerbröseln und in eine Rührschüssel geben. Den zweiten Boden einmal waagerecht durchschneiden.

5_ Für die Füllung Aroma mit Orangensaft, Zitronensaft, Rotwein, Rum und klein gehackter Schokolade in einen Topf geben und unter Rühren erhitzen. Die heiße Schoko-Frucht-Masse zu den Biskuitbröseln in die Rührschüssel geben und vermengen. Den unteren Biskuitboden auf eine Platte legen und mit etwas glatt gerührtem Gelee bestreichen. Die Bröselmasse darauf verteilen und ebenfalls mit etwas Gelee bestreichen. Den oberen Biskuitboden darauflegen und gut andrücken. Tortenoberfläche und -rand mit dem restlichen Johannisbeergelee bestreichen.

6_ Für die Marzipandecke Marzipan mit Puderzucker verkneten und auf der mit Puderzucker bestäubten Arbeitsfläche zu einer runden Platte (Ø etwa 35 cm) ausrollen. Marzipanplatte auf die Torte legen, am Rand gut andrücken und überstehendes Marzipan abschneiden. Restliche Marzipanmasse mit Speisefarbe einfärben und verschiedene Motive ausstechen.

7_ Für den Guss Puderzucker mit Malventee zu einer dickflüssigen Masse verrühren. 2 Esslöffel von dem Guss in einen kleinen Gefrierbeutel geben und verschließen. Die Torte mit dem restlichen Guss überziehen und fest werden lassen. Eine kleine Ecke des Gefrierbeutels abschneiden. Mit dem Guss Sterne auf die Tortenoberfläche spritzen. Die Marzipanmotive mit etwas Guss an den Tortenrand kleben. Die Torte mit Zuckerperlen garnieren und mit Puderzucker bestäuben. Guss fest werden lassen.

Tipp: Verwenden Sie für den Guss statt Malventee Rotwein.

Pro Stück: E: 5 g, F: 27 g, Kh: 39 g, kJ: 1787, kcal: 423

Makronentorte

etwa 14 Stücke – Dauert länger – mit Alkohol

Für den Teig:
5 Eier (Größe M)
125 g Zucker
1 Pck. Dr. Oetker Finesse
  Geriebene Zitronenschale
1 Prise Salz
75 g Weizenmehl
75 g Speisestärke
50 g zerlassene, abgekühlte
  Butter

Für die Füllung:
400 g Marzipan-Rohmasse
100 g gesiebter Puderzucker
250 g Aprikosenkonfitüre
4 EL Rum

Für den Belag:
200 g Marzipan-Rohmasse
2 Eigelb (Größe M)
50 g gesiebter Puderzucker
1 EL Rum

Zum Aprikotieren:
200 g Aprikosenkonfitüre
3 EL Wasser

Zubereitungszeit: **60 Minuten,
ohne Abkühl- und Wartezeit**
Backzeit: **etwa 40 Minuten**

1_ Für den Teig Eier, Zucker, Zitronenschale und Salz in einer Edelstahl-
schüssel im heißen Wasserbad mit Handrührgerät mit Rührbesen auf
höchster Stufe so lange schlagen, bis eine cremige Masse entstanden
ist (etwa 4 Minuten).

2_ Den Backofen vorheizen.
Ober-/Unterhitze: etwa 180 °C, Heißluft: etwa 160 °C

3_ Die Schüssel aus dem Wasserbad nehmen. Die Masse so lange
weiterschlagen, bis sie kalt ist. Mehl mit Speisestärke mischen und
unterheben. Butter vorsichtig unterrühren. Den Teig in eine Springform
(Ø 28 cm, Boden gefettet, mit Backpapier belegt) geben und vorsichtig
glatt streichen. Die Form auf dem Rost in den vorgeheizten Backofen
schieben. Den Tortenboden etwa 40 Minuten backen.

4_ Den Tortenboden aus der Form lösen und auf einen Kuchenrost stürzen.
Tortenboden erkalten lassen. Mitgebackenes Backpapier entfernen und
den Boden zweimal waagerecht durchschneiden.

5_ Für die Füllung Marzipan in Stücke schneiden, mit Puderzucker,
Konfitüre und Rum zu einer geschmeidigen Masse verrühren. Jeweils
ein Drittel der Marzipanmasse auf den unteren und mittleren Boden
streichen und zu einer Torte zusammensetzen. Tortenoberfläche und
-rand mit der restlichen Marzipanmasse bestreichen.

6_ Für den Belag Marzipan in Stücke schneiden, mit Eigelb, Puderzucker und Rum zu einer spritzfähigen Masse verrühren und in einen
Spritzbeutel mit Sterntülle füllen. Die Torte damit verzieren. Die Torte
bei Zimmertemperatur etwa 30 Minuten stehen lassen, damit die
Marzipanmasse antrocknen kann.

7_ In der Zwischenzeit den Backofengrill vorheizen.

8_ Die Torte in den Backofen unter den vorgeheizten Grill schieben und
die Marzipanverzierung goldbraun werden lassen.

9_ Zum Aprikotieren Konfitüre durch ein Sieb streichen und mit Wasser
in einem kleinen Topf unter Rühren etwas einkochen lassen. Die etwas
abgekühlte Torte mit der Konfitüre bestreichen.

Hinweis: Nur ganz frisches Eigelb verwenden, das nicht älter als 5 Tage
ist (Legedatum beachten).

Pro Stück: E: 9 g, F: 21 g, Kh: 66 g, kJ: 2091, kcal: 499

Schneeflockentorte

etwa 12 Stücke – Für Gäste

Zum Vorbereiten:
60 g Kokosraspel
4 Eiweiß (Größe M)
1 Prise Salz

Für den Rührteig:
125 g weiche Butter oder
   Margarine
125 g Zucker
1 Pck. Dr. Oetker Vanillin-Zucker
4 Eigelb (Größe M)
100 g Weizenmehl
1 gestr. TL Dr. Oetker Backin

Für die Füllung:
3 EL Sauerkirsch- oder
   Himbeerkonfitüre
500 g Schlagsahne
2 Pck. Dr. Oetker Vanillin-Zucker
2 Pck. Dr. Oetker Sahnesteif

Zum Bestreuen und Bestäuben:
40 g Kokosraspel
30 g Puderzucker

Zubereitungszeit: **35 Minuten,
ohne Kühlzeit**
Backzeit: **etwa 30 Minuten**

1_ Zum Vorbereiten Kokosraspel in einer Pfanne ohne Fett unter Rühren leicht bräunen, herausnehmen und auf einem Teller erkalten lassen. Eiweiß mit Salz steif schlagen.

2_ Den Backofen vorheizen.
Ober-/Unterhitze: etwa 180 °C, Heißluft: etwa 160 °C

3_ Für den Teig Butter oder Margarine mit Handrührgerät mit Rührbesen auf höchster Stufe geschmeidig rühren. Nach und nach Zucker und Vanillin-Zucker unterrühren. So lange rühren, bis eine gebundene Masse entstanden ist. Jedes Eigelb knapp ½ Minute unterrühren.

4_ Mehl mit Backpulver mischen und auf mittlerer Stufe unterrühren. Kokosraspel und Eischnee vorsichtig unterheben. Den Teig in eine Springform (Ø 26 cm, Boden gefettet) geben und glatt streichen. Die Form auf dem Rost in den vorgeheizten Backofen schieben. Den Tortenboden etwa 30 Minuten backen.

5_ Den Tortenboden aus der Form lösen und auf einem Kuchenrost erkalten lassen. Tortenboden einmal waagerecht durchschneiden. Den unteren Boden auf eine Tortenplatte legen.

6_ Für die Füllung den unteren Boden mit Konfitüre bestreichen, dabei einen etwa 1 cm breiten Rand frei lassen. Sahne mit Vanillin-Zucker und Sahnesteif steif schlagen. Gut die Hälfte der Sahne auf den unteren Boden streichen und den oberen Boden darauflegen. Tortenoberfläche und -rand mit der restlichen Sahne bestreichen und mit Kokosraspeln bestreuen. Torte etwa 1 Stunde kalt stellen. Die Torte kurz vor dem Servieren mit Puderzucker bestäuben.

Tipp: Nach Belieben 2 Esslöffel Kirschkonfitüre durch ein Sieb streichen. Die Tortenoberfläche kurz vor dem Servieren damit verzieren (Foto).

Pro Stück: E: 4 g, F: 29 g, Kh: 28 g, kJ: 1671, kcal: 399

Tiramisu-Torte

etwa 14 Stücke – Mit Alkohol

Für den Teig:
100 g Löffelbiskuits
75 g Weizenmehl
2 gestr. TL Dr. Oetker Backin
50 g brauner Zucker (Rohrzucker)
1 Pck. Dr. Oetker Bourbon-
   Vanille-Zucker
1 geh. TL Lebkuchengewürz
2 Eier (Größe M)
75 ml Speiseöl
75 ml Milch

Zum Tränken:
2 g Instant-Kaffeepulver
2 EL warmes Wasser

Für den Belag:
5 Blatt weiße Gelatine
2 Eier (Größe M)
75 g brauner Zucker (Rohrzucker)
3 EL Rum
abgeriebene Schale von
   ½ Bio-Zitrone
   (unbehandelt, ungewachst)
1 EL Zitronensaft
250 g Mascarpone
   (ital. Frischkäse)
125 g Schlagsahne

Zum Bestäuben:
etwas Kakaopulver

Außerdem:
1 Sternschablone

Zubereitungszeit: **40 Minuten,
ohne Kühlzeit**
Backzeit: **etwa 20 Minuten**

1_ Den Backofen vorheizen.
Ober-/Unterhitze: etwa 180 °C, Heißluft: etwa 160 °C

2_ Für den Teig Löffelbiskuits in einen Gefrierbeutel geben. Beutel verschließen. Löffelbiskuits mit einer Teigrolle fein zerbröseln und in eine Rührschüssel geben. Restliche Zutaten für den Teig hinzufügen. Die Zutaten mit Handrührgerät mit Rührbesen zunächst kurz auf niedrigster, dann auf höchster Stufe in etwa 2 Minuten zu einem glatten Teig verarbeiten.

3_ Den Teig in eine Tarteform (Ø 28 cm, gefettet, Boden mit Backpapier belegt) geben und glatt streichen. Die Form auf dem Rost in den vorgeheizten Backofen schieben und die Torte etwa 20 Minuten backen.

4_ Die Form auf einen Kuchenrost stellen und den Gebäckboden in der Form erkalten lassen. Dann den Boden auf den Kuchenrost stürzen. Die Tarteform säubern und den Gebäckboden wieder in die Form legen.

5_ Zum Tränken Kaffeepulver in dem warmen Wasser auflösen. Die Oberfläche des Gebäckbodens damit bestreichen.

6_ Für den Belag Gelatine nach Packungsanleitung einweichen. Eier und Zucker in einer Rührschüssel im heißen Wasserbad bei mittlerer Hitze mit Handrührgerät mit Rührbesen zu einer cremig weißen Masse aufschlagen. Die eingeweichte Gelatine gut ausdrücken und in einem kleinen Topf unter Rühren auflösen. Gelatine unter die Eiercreme rühren. Die Schüssel aus dem Wasserbad nehmen.

7_ Rum, Zitronenschale, -saft und Mascarpone in 2 Portionen unterrühren. Die Creme etwas abkühlen lassen. Sahne steif schlagen und unter die Mascarponecreme heben. Die Creme auf dem Gebäckboden verteilen. Torte etwa 3 Stunden kalt stellen.

8_ Vor dem Servieren eine Schablone mit ausgestochenen Sternmotiven auf die fest gewordene Mascarponecreme legen. Die Torte dick mit Kakao bestäuben. Schablone vorsichtig abnehmen.

Hinweis: Für die Creme nur ganz frische Eier verwenden, die nicht älter als 5 Tage sind (Legedatum beachten).

Tipp: Der Gebäckboden kann auch in einer Springform (Ø 26 cm) gebacken werden.

Pro Stück: E: 5 g, F: 19 g, Kh: 20 g, kJ: 1171, kcal: 280

Christkindels Möhrentorte

etwa 24 Stücke – Für Gäste – Titelrezept

Für den Teig:
7 Eigelb (Größe M)
300 g brauner Zucker (Kandisfarin)
400 g abgezogene, gemahlene
  Mandeln
300 g fein geraspelte Möhren
75 g Speisestärke
½ TL gemahlener Zimt
1 Msp. gemahlene Nelken
1 Msp. gemahlener Kardamom
1 Prise Salz
7 Eiweiß (Größe M)

Für den Guss:
200 g Zartbitter-Kuvertüre
20 g Kokosfett oder 2 TL Speiseöl

Zum Garnieren:
100 g Marzipan-Rohmasse
25 g gesiebter Puderzucker
Goldperlen
lange, dünne Kerzen
Goldstaub

Zubereitungszeit: **50 Minuten,**
ohne Abkühlzeit
Backzeit: **45–55 Minuten**

1_ Den Backofen vorheizen.
Ober-/Unterhitze: etwa 180 °C, Heißluft: etwa 160 °C

2_ Für den Teig Eigelb und Zucker mit Handrührgerät mit Rührbesen sehr schaumig schlagen. Mandeln, geraspelte Möhren, Speisestärke, Zimt, Nelken, Kardamom und Salz vorsichtig unterrühren. Das Eiweiß sehr steif schlagen und unterheben.

3_ Den Teig in 2 Springformen (Ø 22 cm und 16 cm, Boden gefettet, mit Backpapier belegt) verteilen und glatt streichen. Die Formen nebeneinander auf dem Rost in den vorgeheizten Backofen schieben. Die Böden 45–55 Minuten backen.

4_ Die Gebäckböden aus den Formen lösen und auf mit Backpapier belegte Kuchenroste stürzen. Tortenböden erkalten lassen. Mitgebackenes Backpapier jeweils entfernen.

5_ Für den Guss die Kuvertüre in Stücke hacken und mit Kokosfett oder Speiseöl in einem kleinen Topf im heißen Wasserbad bei schwacher Hitze unter Rühren schmelzen. Die Gebäckböden mit dem Guss überziehen. Den Guss etwas fest werden lassen. Den kleinen Gebäckboden auf den großen Gebäckboden setzen.

6_ Zum Garnieren Marzipan mit Puderzucker verkneten und in 3 Portionen teilen. Die Marzipanportionen einzeln zwischen 2 Lagen Frischhaltefolie ausrollen. Mit Ausstechformen Sterne und Monde ausstechen. Marzipanmotive auf der Torte verteilen. Mit Goldperlen und Kerzen garnieren. Guss fest werden lassen. Die Torte mit Goldstaub bestäuben.

Pro Stück: E: 6 g, F: 16 g, Kh: 24 g, kJ: 1105, kcal: 264

Sterntaler-Torte

etwa 14 Stücke – Dauert länger – mit Alkohol

Für den Rührteig:

400 g weiche Butter oder
    Margarine
365 g Zucker
2–3 EL Rum
4 EL Orangenlikör
abgeriebene Schale von
    ½ Bio-Orange
    (unbehandelt, ungewachst)
3 Eier (Größe M)
7 Eigelb (Größe M)
250 g Weizenmehl
100 g Speisestärke
40 g gesiebtes Kakaopulver
3 ½ gestr. TL Dr. Oetker Backin
7 Eiweiß (Größe M)

Für den Belag:

250 g Marzipan-Rohmasse
100 g gesiebter Puderzucker

Zum Bestreichen:

75 g Aprikosenkonfitüre

Für den Guss:

200 g Zartbitter-Schokolade
20 g Kokosfett

Zubereitungszeit: **90 Minuten,
ohne Abkühlzeit**
Backzeit: **etwa 2 Minuten je
Teigschicht**

1_ Den Backofengrill vorheizen.

2_ Für den Teig Butter oder Margarine mit Handrührgerät mit Rührbesen auf höchster Stufe geschmeidig rühren. Nach und nach Zucker, Rum, Likör und Orangenschale unterrühren. So lange rühren, bis eine gebundene Masse entstanden ist. Jedes Ei/Eigelb etwa ½ Minute unterrühren. Mehl mit Speisestärke, Kakao und Backpulver mischen, in 2 Portionen auf mittlerer Stufe unterrühren. Eiweiß steif schlagen und vorsichtig unterheben.

3_ Etwa 2 Esslöffel des Teiges mit einem Backpinsel in einer Springform (Ø 26 cm, Boden gefettet, mit Backpapier belegt) verteilen. Die Form auf dem Rost unter den vorgeheizten Grill in den Backofen schieben (Abstand zwischen den Grill und Teigschicht etwa 20 cm). Die Teigschicht etwa 2 Minuten backen.

4_ Die Form auf einen Kuchenrost stellen. Als zweite Schicht wieder etwa 2 Esslöffel des Teiges auf die gebackene Schicht streichen. Die Form wieder unter den heißen Grill schieben. Auf diese Weise den ganzen Teig verarbeiten, dabei die Einschubhöhe so verändern, dass der Abstand von etwa 20 cm zwischen Grill und Teigschicht bestehen bleibt.

5_ Die Torte vorsichtig mit einem Messer vom Formrand lösen und auf ein Backblech (mit Backpapier belegt) stürzen. Mitgebackenes Backpapier abziehen. Die Torte sofort nochmals etwa 5 Minuten in den noch heißen, aber ausgeschalteten Backofen schieben. Anschließend die Torte herausnehmen und auf einem Kuchenrost erkalten lassen.

6_ Für den Belag Marzipan mit Puderzucker verkneten, auf der mit Puderzucker bestäubten Arbeitsfläche ausrollen. Eine Platte (Ø etwa 35 cm) daraus ausschneiden. Marzipanreste verkneten und zum Garnieren beiseitelegen.

7_ Tortenoberfläche und -rand dünn mit Konfitüre bestreichen. Die Marzipanplatte über die Torte legen und gut andrücken. Den unteren Rand gerade schneiden.

8_ Für den Guss Schokolade in Stücke brechen, mit Kokosfett in einem kleinen Topf im heißen Wasserbad bei schwacher Hitze unter Rühren schmelzen. Torte mit dem Guss überziehen. Guss fest werden lassen.

9_ Beiseitegelegtes Marzipan auf der mit Puderzucker bestäubten Arbeitsfläche ausrollen und Sterne in beliebiger Größe ausstechen. Die Tortenoberfläche damit garnieren.

Pro Stück: E: 11 g, F: 41 g, Kh: 72 g, kJ: 2981, kcal: 713

Orangen-Schichttorte

etwa 16 Stücke – Raffiniert – für Gäste

Für den Rührteig:

175 g weiche Butter oder
 Margarine
175 g Zucker
1 Pck. Dr. Oetker Vanillin-Zucker
1 Prise Salz
3 Eier (Größe M)
150 g Weizenmehl
30 g Speisestärke
1 gestr. TL Dr. Oetker Backin

Für den Guss:

150 g Zartbitter-Kuvertüre
20 g Kokosfett

Für die Füllung:

2 Pck. Galetta Vanille-Geschmack
 (Pudding-Pulver ohne Kochen)
300 ml Orangensaft
750 g Schlagsahne

16 vorbereitete Orangenfilets

Zubereitungszeit: **80 Minuten,
ohne Abkühlzeit**
Backzeit: **etwa 10 Minuten je
Boden**

1_ Den Backofen vorheizen.
 Ober-/Unterhitze: etwa 180 °C, Heißluft: etwa 160 °C

2_ Für den Rührteig Butter oder Margarine in einer Rührschüssel mit
 Handrührgerät mit Rührbesen auf höchster Stufe geschmeidig rühren.
 Nach und nach Zucker, Vanillin-Zucker und Salz unterrühren.
 So lange rühren, bis eine gebundene Masse entstanden ist. Jedes Ei
 etwa ½ Minute unterrühren.

3_ Mehl mit Speisestärke und Backpulver mischen, in 2 Portionen auf
 mittlerer Stufe unterrühren. Aus dem Teig 4 Böden backen.
 Dazu jeweils ein Viertel des Teiges auf je einen Springformboden
 (Ø 26 cm, Boden gefettet) streichen. Die Böden ohne Springformrand
 backen. Die Springformböden nacheinander (bei Heißluft 2 Böden
 zusammen) auf dem Rost in den vorgeheizten Backofen schieben.
 Die Gebäckböden etwa 10 Minuten je Boden backen.

4_ Die Gebäckböden sofort von den Springformböden lösen und einzeln
 auf Kuchenrosten erkalten lassen.

5_ Für den Guss Kuvertüre in kleine Stücke hacken und mit Kokosfett in
 einem kleinen Topf im heißen Wasserbad bei schwacher Hitze unter
 Rühren schmelzen. Die Gebäckböden damit bestreichen. Einen Gebäckboden in 16 Tortenstücke schneiden. Den Guss gut trocknen lassen.

6_ Für die Füllung aus Pudding-Pulver, Orangensaft und Sahne einen
 Pudding nach Packungsanleitung, aber mit 300 ml Orangensaft und
 750 g Sahne zubereiten. Die Puddingmasse in einen Spritzbeutel mit
 großer Sterntülle füllen. 3 Gebäckböden mit der Creme bespritzen und
 zu einer Torte zusammensetzen.

7_ Die 16 Tortenstücke auf den obersten mit Creme bespritzten Gebäckboden legen. Mit Orangenfilets garnieren.

Tipp: Die Tortenoberfläche zusätzlich dick mit Kakaopulver bestäuben.
Orangenfilets danach auflegen.

Pro Stück: E: 4 g, F: 30 g, Kh: 37 g, kJ: 1852, kcal: 442

Adventstorte

etwa 16 Stücke – Für Gäste – ohne zu backen – mit Alkohol

Für den Boden:
200 g Gewürzspekulatius oder
  Nussplätzchen
100 g Butter

Für die Creme:
200 g gekühlte Schlagsahne
6 Blatt weiße Gelatine
250 g Mascarpone (ital. Frischkäse)
500 g Magerquark
2 EL flüssiger Honig
1 Pck. Dr. Oetker Vanillin-Zucker
2 gestr. TL gemahlener Zimt
75 g Zucker

Für den Belag:
2 Orangen
2 kleine Birnen
2 Pck. Tortenguss, klar,
  ungezuckert
4 EL Zucker
300 ml Orangensaft
60 ml (5 EL) Orangenlikör
140 ml Wasser

25 g weiße Kuvertüre

Zubereitungszeit: **45 Minuten,
ohne Kühlzeit**

1_ Für den Boden einen Springformrand (Ø 26 cm) auf eine Tortenplatte stellen (evtl. mit Backpapier belegt) stellen. Spekulatius oder Nussplätzchen in einen Gefrierbeutel geben. Beutel fest verschließen. Die Plätzchen mit einer Teigrolle fein zerbröseln und in eine Rührschüssel geben. Butter in einem kleinen Topf zerlassen, zu den Bröseln geben und gut verrühren. Die Bröselmasse in den Springformrand füllen und mit einem Löffel gleichmäßig zu einem Boden andrücken. Den Boden bis zur Weiterverarbeitung kalt stellen.

2_ Für die Creme Sahne steif schlagen. Gelatine nach Packungsanleitung einweichen. Gelatine leicht ausdrücken und in einem kleinen Topf unter Rühren auflösen.

3_ Mascarpone mit Quark, Honig, Vanillin-Zucker, Zimt und Zucker verrühren. Die Gelatine zunächst mit etwa 4 Esslöffeln der Mascarpone-Quark-Masse verrühren, dann mit der restlichen Mascarpone-Quark-Masse verrühren. Die Sahne unterheben. Die Creme auf den Bröselboden geben und glatt streichen. Die Torte etwa 2 Stunden kalt stellen.

4_ Für den Belag Orangen so schälen, dass die weiße Haut mitentfernt wird. Orangen filetieren. Birnen waschen, trocken tupfen, vierteln, entkernen und mit der Schale in Spalten schneiden. Orangenfilets und Birnenspalten dekorativ auf die Creme legen.

5_ Tortengusspulver mit Zucker und etwas Orangensaft anrühren. Orangenlikör, restlichen Orangensaft und Wasser in einem Topf zum Kochen bringen. Angerührtes Tortengusspulver in den von der Kochstelle genommenen Saft rühren und unter Rühren gut aufkochen lassen. Den Guss auf dem Obst verteilen. Guss fest werden lassen.

6_ Den Springformrand lösen und entfernen. Backpapier ebenfalls entfernen. Den Tortenoberflächenrand mit geschabter Kuvertüre garnieren.

Tipp: Der Tortenboden kann 1–2 Tage vor dem Verzehr zubereitet und zugedeckt kalt gestellt werden.

Pro Stück: E: 8 g, F: 18 g, Kh: 24 g, kJ: 1250, kcal: 298

Pfeffernüsse mit Guss

etwa 50 Stück – Klassisch

Für den Knetteig:
250 g Weizenmehl
1 ½ TL Dr. Oetker Backin
160 g Zucker
1 Pck. Dr. Oetker Finesse
    Geriebene Zitronenschale
1 Prise Salz
1 Ei (Größe M)
je 1 Msp. Ingwer, Kardamom,
    Gewürznelken, Piment (Nelken-
    pfeffer), weißer Pfeffer (alles
    gemahlen)
3–4 EL Milch
25 g abgezogene, gemahlene
    Mandeln
25 g sehr fein gewürfeltes Zitronat
    (Sukkade)

Für den Guss:
175 g gesiebter Puderzucker
2 EL heißes Wasser

Zubereitungszeit: **65 Minuten,
ohne Kühlzeit**
Backzeit: **etwa 15 Minuten je
Backblech**

1_ Für den Teig Mehl mit Backpulver in einer Rührschüssel mischen. Zucker, Zitronenschale, Salz, Ei, Gewürze, Milch, Mandeln und Zitronat hinzufügen. Die Zutaten mit Handrührgerät mit Knethaken zunächst kurz auf niedrigster, dann auf höchster Stufe gut durcharbeiten.

2_ Anschließend den Teig auf der leicht bemehlten Arbeitsfläche zu einem glatten Teig verkneten. Aus dem Teig 2 Rollen (je etwa 25 cm Länge) formen. Die Teigrollen in Frischhaltefolie gewickelt einige Stunden oder über Nacht in den Kühlschrank legen.

3_ Den Backofen vorheizen.
Ober-/Unterhitze: etwa 180 °C, Heißluft: etwa 160 °C

4_ Die Teigrollen evtl. nochmals nachformen und mit einem scharfen Messer in etwa 1 cm dicke Scheiben schneiden (die Teigrollen zwischendurch immer wieder in den Kühlschrank stellen, damit sie sich gut schneiden lassen. Teigscheiben auf Backblechen (mit Backpapier belegt) verteilen.

5_ Die Backbleche nacheinander (bei Heißluft zusammen) in den vorgeheizten Backofen schieben. Die Pfeffernüsse etwa 15 Minuten je Backblech backen.

6_ Die Pfeffernüsse mit dem Backpapier von den Backblechen auf Kuchenroste ziehen. Pfeffernüsse erkalten lassen.

7_ Für den Guss Puderzucker mit Wasser zu einer dickflüssigen Masse verrühren. Die Pfeffernüsse damit bestreichen. Guss trocknen lassen.

Tipp: Lassen Sie die Teigrollen anfrieren und schneiden Sie sie dann mit einem scharfen Messer oder Sägemesser in Scheiben. Die Pfeffernüsse sind in gut schließenden Dosen 2–3 Wochen haltbar.

Pro Stück: E: 1 g, F: 0,5 g, Kh: 11 g, kJ: 216, kcal: 52

Ischler Törtchen

etwa 45 Stück – Klassiker

Für den Knetteig:
200 g Weizenmehl
50 g gesiebter Puderzucker
1 Pck. Dr. Oetker Vanillin-Zucker
1 Ei (Größe M)
1 Msp. gemahlener Zimt
abgeriebene Schale von
½ Bio-Zitrone
(unbehandelt, ungewachst)
150 g weiche Butter oder
Margarine
100 g abgezogene, gemahlene
Mandeln

Zum Bestäuben:
etwa 25 g Puderzucker

Zum Bestreichen:
etwa 100 g Himbeerkonfitüre

Zubereitungszeit: **60 Minuten,
ohne Kühlzeit**
Backzeit: **etwa 10 Minuten je
Backblech**

1_ Für den Teig Mehl mit Puderzucker, Vanillin-Zucker, Ei, Zimt, Zitronen-schale, Butter oder Margarine und Mandeln in eine Rührschüssel geben. Die Zutaten mit Handrührgerät mit Rührbesen zunächst kurz auf niedrigster, dann auf höchster Stufe gut durcharbeiten. Anschließend den Teig auf der leicht bemehlten Arbeitsfläche zu einem glatten Teig verkneten. Den Teig in Frischhaltefolie gewickelt etwa 1 Stunde kalt stellen.

2_ Dann den Backofen vorheizen.
Ober-/Unterhitze: etwa 180 °C, Heißluft: etwa 160 °C

3_ Den Teig auf der leicht bemehlten Arbeitsfläche knapp 4 mm dünn ausrollen. Mit einer runden Ausstechform mit Wellenrand (Ø etwa 6 cm) etwa 90 Plätzchen ausstechen. Bei der Hälfte der Plätzchen mit einer Ausstechform (Ø etwa 1 ½ cm) oder einer großen Lochtülle die Mitte ausstechen, sodass Ringe entstehen.

4_ Teigplätzchen und -ringe auf Backbleche (mit Backpapier belegt) legen. Die Backbleche nacheinander (bei Heißluft zusammen) in den vorge-heizten Backofen schieben. Die Plätzchen etwa 10 Minuten je Backblech backen.

5_ Die Plätzchen und Ringe mit dem Backpapier von den Backblechen auf Kuchenroste ziehen. Die Plätzchenringe sofort mit Puderzucker bestäuben. Plätzchen und Plätzchenringe erkalten lassen.

6_ Zum Bestreichen Konfitüre durch ein Sieb streichen und in einem Topf gut aufkochen lassen. Die Plätzchen auf der Unterseite mit Konfitüre bestreichen. Die Plätzchenringe darauflegen und leicht andrücken.

Tipp: Statt Himbeerkonfitüre Himbeergelee verwenden. Dies muss nicht durch ein Sieb gestrichen, sondern nur glatt gerührt werden.

Pro Stück: E: 1 g, F: 4 g, Kh: 7 g, kJ: 291, kcal: 69

Feine Gewürzplätzchen

etwa 60 Stück – Für Kinder

Für den Knetteig:
250 g Weizenmehl
½ TL Dr. Oetker Backin
1 Pck. Dr. Oetker Finesse
  Weihnachtsaroma
120 g Zucker
1 Pck. Dr. Oetker Vanillin-Zucker
170 g Butter oder Margarine
50 g abgezogene, gemahlene
  Mandeln
3–4 EL Schlagsahne

Zubereitungszeit: **40 Minuten,
ohne Kühlzeit**
Backzeit: **etwa 12 Minuten je
Backblech**

1_ Für den Teig Mehl mit Backpulver in einer Rührschüssel mischen. Aroma, Zucker, Vanillin-Zucker, Butter oder Margarine, Mandeln und Sahne hinzufügen. Die Zutaten mit Handrührgerät mit Knethaken zunächst kurz auf niedrigster, dann auf höchster Stufe gut durcharbeiten.

2_ Den Teig auf der leicht bemehlten Arbeitsfläche zu einem glatten Teig verkneten. Aus dem Teig eine etwa 30 cm lange Rolle formen. Die Teigrolle in Frischhaltefolie gewickelt mindestens 3 Stunden oder über Nacht kalt stellen.

3_ Den Backofen vorheizen.
Ober-/Unterhitze: etwa 180 °C, Heißluft: etwa 160 °C

4_ Die Teigrolle mit einem Sägemesser in etwa ½ cm dicke Scheiben schneiden. Dabei die Rolle immer wieder drehen, damit die Scheiben gleichmäßig abgeschnitten werden (Rolle zwischendurch evtl. nochmals kalt stellen).

5_ Die Teigscheiben auf Backbleche (gefettet, mit Backpapier belegt) legen. Die Backbleche nacheinander (bei Heißluft zusammen) in den vorgeheizten Backofen schieben. Die Plätzchen etwa 12 Minuten je Backblech backen.

6_ Die Plätzchen mit dem Backpapier von den Backblechen auf Kuchenroste ziehen. Plätzchen erkalten lassen.

Tipp: Erkaltete Gewürzplätzchen mit geschmolzener, dunkler Kuvertüre besprenkeln. Sie können die Rollen auch etwa 1 Stunde in den Gefrierschrank legen, statt sie mehrere Stunden im Kühlschrank zu kühlen. Ist die Rolle gut durchgekühlt, lässt sie sich auch gut mit einer Aufschnitt- oder Brotschneidemaschine in Scheiben schneiden. Die Gewürzplätzchen sind in gut schließenden Dosen 3–4 Wochen haltbar.

Pro Stück: E: 0,6 g, F: 3 g, Kh: 5 g, kJ: 215, kcal: 51

Aprikosen-Marzipan-Taler

etwa 40 Stücke – Mit Alkohol

Für den Teig:
80 g getrocknete Aprikosen
2 EL Marillenlikör (Aprikosenlikör)
200 g Marzipan-Rohmasse
30 g weiche Butter oder Margarine
50 g abgezogene, gemahlene
  Mandeln
100 g gesiebter Puderzucker
1 Prise Salz
1 Eiweiß (Größe M)
30 g Weizenmehl

Zum Bestreichen:
1 Eigelb
1 EL Milch

Zum Verzieren:
50 g weiße Schokolade
1 TL Speiseöl

Zubereitungszeit: **40 Minuten,
ohne Durchzieh- und Abkühlzeit**
Backzeit: **etwa 20 Minuten je
Backblech**

1_ Für den Teig Aprikosen in sehr kleine Würfel schneiden. Marillenlikör unter die Aprikosenwürfel rühren und etwa 10 Minuten stehen lassen. Marzipan in kleine Stücke schneiden.

2_ Den Backofen vorheizen.
Ober-/Unterhitze: etwa 160 °C, Heißluft: etwa 140 °C

3_ Butter oder Margarine mit Marzipanstücken, Mandeln, Puderzucker, Salz und Eiweiß in eine Rührschüssel geben und mit Handrührgerät mit Rührbesen zu einer glatten Masse verrühren. Von den eingeweichten Aprikosenwürfeln 1 gehäuften Teelöffel zum Garnieren beiseitelegen. Restliche Aprikosenwürfel und Mehl mit Handrührgerät mit Knethaken kurz unterarbeiten.

4_ Mit einem Teelöffel etwa 40 kleine Portionen von dem Teig abstechen und auf Backbleche (gefettet, mit Backpapier belegt) legen. Aus den Teigportionen mit angefeuchteten Händen kleine Kugeln formen. Mit einem Teelöffel die Kugeln etwas flach drücken und einkerben, dabei den Teelöffel zwischendurch kalt abspülen.

5_ Zum Bestreichen Eigelb mit Milch verschlagen und die Teigtaler damit bestreichen. Die Backbleche nacheinander (bei Heißluft zusammen) in den vorgeheizten Backofen schieben. Die Taler etwa 20 Minuten je Backblech backen.

6_ Die Aprikosen-Marzipan-Taler mit dem Backpapier auf Kuchenroste ziehen und erkalten lassen.

7_ Zum Verzieren Schokolade in Stücke brechen und mit Speiseöl in einem kleinen Topf im heißen Wasserbad bei schwacher Hitze unter Rühren schmelzen. Die Schokolade in einen kleinen Gefrierbeutel füllen und eine kleine Ecke abschneiden. Die Schokolade in dünnen Streifen auf die Taler spritzen. Beiseitegelegte Aprikosenwürfel sofort daraufstreuen. Schokolade fest werden lassen.

Tipp: Die Aprikosen-Marzipan-Taler sind in einer gut schließenden Dose etwa 1 Woche haltbar.

Pro Stück: E: 1 g, F: 4 g, Kh: 7 g, kJ: 283, kcal: 68

Vanillekipferl

etwa 90 Stücke – Beliebt

Für den Knetteig:
250 g Weizenmehl
1 Msp. Dr. Oetker Backin
125 g Zucker
1 Pck. Dr. Oetker Vanillin-Zucker
3 Eigelb (Größe M)
200 g kalte Butter
125 g abgezogene, gemahlene
  Mandeln

Zum Bestäuben:
etwa 50 g gesiebter Puderzucker
1 Pck. Dr. Oetker Vanillin-Zucker

Zubereitungszeit: **60 Minuten**
Backzeit: **etwa 10 Minuten je**
Backblech

1_ Den Backofen vorheizen.
Ober-/Unterhitze: etwa 180 °C, Heißluft: etwa 160 °C

2_ Für den Teig Mehl mit Backpulver in einer Rührschüssel mischen.
Zucker, Vanillin-Zucker, Eigelb, Butter und die Mandeln hinzufügen.
Die Zutaten mit Handrührgerät mit Knethaken zunächst kurz auf
niedrigster, dann auf höchster Stufe zu einem glatten Teig verarbeiten
und zu einer Kugel formen.

3_ Aus der Teigkugel bleistiftdicke Rollen formen und in 5–6 cm lange
Stücke schneiden. Die Enden etwas dünner rollen und hörnchenförmig
auf Backbleche (mit Backpapier belegt) legen.

4_ Die Backbleche nacheinander (bei Heißluft zusammen) in den
vorgeheizten Backofen schieben. Die Vanillekipferl etwa 10 Minuten
je Backblech backen.

5_ Die Vanillekipferl mit dem Backpapier von den Backblechen auf
Kuchenroste ziehen.

6_ Zum Bestäuben Puderzucker mit Vanillin-Zucker mischen. Die noch
warmen Vanillekipferl mit der Puderzuckermischung bestäuben.
Die Vanillekipferl erkalten lassen.

Tipp: Wenn der Teig bei der Zubereitung zu weich wird, ihn zwischendurch in den Kühlschrank stellen. Statt die Kipferl mit Puderzucker zu
bestäuben, können Sie die noch leicht warmen Kipferl auch vorsichtig
in Zucker wälzen. Die Vanillekipferl sind in gut schließenden Dosen
etwa 3 Wochen haltbar.

Pro Stück: E: 1 g, F: 3 g, Kh: 4 g, kJ: 187, kcal: 45

Honigkuchen-Nikoläuse

etwa 60 Stück – Für Kinder

Für den Lebkuchenteig:
100 g flüssiger Honig
50 g brauner Zucker (Rohrzucker)
75 g Butter oder Margarine
½ Fläschchen Butter-Vanille-
Aroma
1 gestr. TL gemahlener Zimt
½ TL gemahlene Nelken
1 Eiweiß (Größe M)
250 g Weizenmehl
2 gestr. TL Dr. Oetker Backin

Zum Bestreichen:
1 Eigelb
1 EL Milch

Für die Nikolausmützen:
100 g Marzipan-Rohmasse
65 g gesiebter Puderzucker
1 TL Zitronensaft

Für die Gesichter:
etwa 50 g gesiebter Puderzucker
1 EL Zitronensaft
etwas rote Speisefarbe
einige Zuckerperlen

Zubereitungszeit: **90 Minuten,
ohne Kühlzeit**
Backzeit: **etwa 10 Minuten je
Backblech**

1_ Für den Teig Honig mit Zucker und Butter oder Margarine in einem Topf unter Rühren langsam erwärmen, bis Zucker und Fett gelöst sind. In eine Rührschüssel geben und kalt stellen. Den Backofen vorheizen. Ober-/Unterhitze: etwa 180 °C, Heißluft: etwa 160 °C

2_ Unter die fast erkaltete Masse Aroma, Zimt, Nelken und das Eiweiß mit Handrührgerät mit Rührbesen auf höchster Stufe rühren. Mehl mit Backpulver mischen. Zwei Drittel des Mehlgemisches portionsweise auf mittlerer Stufe unterrühren. Den Teigbrei mit restlichem Mehlgemisch auf der leicht bemehlten Arbeitsfläche zu einem glatten Teig verkneten und etwa ½ cm dick ausrollen.

3_ Mit einer Stern-Ausstechform (5-zackig, Ø etwa 4 ½ cm) Sterne ausstechen und auf Backbleche (mit Backpapier belegt) legen.

4_ Zum Bestreichen Eigelb mit Milch verschlagen. Die Teigsterne damit bestreichen. Die Backbleche nacheinander (bei Heißluft zusammen) in den vorgeheizten Backofen schieben. Die Sterne etwa 10 Minuten je Backblech backen.

5_ Die Gebäcksterne mit dem Backpapier von den Backblechen auf Kuchenroste ziehen. Gebäcksterne erkalten lassen.

6_ Für die Nikolausmützen Marzipan mit 40 g Puderzucker verkneten. Marzipan zwischen Frischhaltefolie so dünn ausrollen, dass 15 Kreise (Ø etwa 7 cm) ausgestochen werden können. Die Marzipankreise jeweils vierteln.

7_ Restlichen Puderzucker mit Zitronensaft zu einer dickflüssigen Masse verrühren. Jeweils eine Sternspitze mit dem Guss bestreichen, mit je einem Marzipanviertel (die runde Seite nach unten) einschlagen und etwas andrücken. Die Marzipanspitze leicht seitwärts biegen.

8_ Für die Gesichter Puderzucker mit Zitronensaft zu einem dünnflüssigen Guss verrühren. Den Guss halbieren. Eine Hälfte mit roter Speisefarbe färben. Den weißen und roten Guss in je ein kleines Pergamentpapier-tütchen füllen und je eine Spitze abschneiden. Mit dem weißen und roten Guss Gesichter aufspritzen.

9_ Nikoläuse mit dem restlichen Guss verzieren und mit Zuckerperlen garnieren.

Tipp: Honigkuchen-Nikoläuse sind in gut schließenden Dosen 2–3 Wochen haltbar.

Pro Stück: E: 1 g, F: 2 g, Kh: 8 g, kJ: 214, kcal: 51

Kandis-Kekse

etwa 90 Stück – Einfach – Foto

Für den Knetteig:
300 g Weizenmehl
½ TL Dr. Oetker Backin
70 g brauner Krümelkandis
1 Prise Salz
150 g stichfeste saure Sahne
150 g Butter

Zum Bestreuen:
30 g brauner Krümelkandis

Zubereitungszeit: **30 Minuten, ohne Kühlzeit**
Backzeit: **15–20 Minuten je Backblech**

1_ Für den Teig Mehl mit Backpulver in einer Rührschüssel mischen. Restliche Zutaten hinzufügen und mit Handrührgerät mit Knethaken zunächst kurz auf niedrigster, dann auf höchster Stufe gut durcharbeiten.

2_ Anschließend den Teig auf der leicht bemehlten Arbeitsfläche kurz verkneten. Den Teig halbieren und aus jeder Teighälfte eine Rolle (Länge je etwa 20 cm) formen. Die Teigrollen in Frischhaltefolie gewickelt im Gefrierschrank etwa 30 Minuten anfrieren lassen.

3_ Den Backofen vorheizen.
Ober-/Unterhitze: etwa 180 °C, Heißluft: etwa 160 °C

4_ Die Teigrollen mit einem Sägemesser in etwa 4 mm dicke Scheiben schneiden. Dabei die Stangen immer wieder drehen, damit die Scheiben gleichmäßig abgeschnitten werden. Die Teigscheiben auf Backbleche (mit Backpapier belegt) legen und mit dem Kandis bestreuen.

5_ Die Backbleche nacheinander (bei Heißluft zusammen) in den vorgeheizten Backofen schieben. Die Kekse 15–20 Minuten je Backblech backen.

6_ Die Backbleche auf Kuchenroste stellen. Die Kekse etwa 5 Minuten auf den Blechen abkühlen lassen. Anschließend die Kekse mit dem Backpapier von den Backblechen auf Kuchenroste ziehen. Kandis-Kekse erkalten lassen.

Pro Stück: E: 0,4 g, F: 1 g, Kh: 3 g, kJ: 127, kcal: 30

Haferflockenplätzchen

etwa 50 Stück – Schnell gemacht

Für den Teig:
75 g Butter oder Margarine
125 g kernige Haferflocken
75 g Zucker
1 Ei (Größe M)
3–4 Tropfen Bittermandel-Aroma
50 g Weizenmehl
1 gestr. TL Dr. Oetker Backin

Zubereitungszeit: **20 Minuten**
Backzeit: **12–15 Minuten je Backblech**

1_ Für den Teig Butter oder Margarine in einer Pfanne zerlassen. Die Haferflocken unter Rühren bei schwacher Hitze darin bräunen. 1 Esslöffel Zucker mitbräunen (karamellisieren) lassen. Masse abkühlen lassen.

2_ Ei mit Handrührgerät mit Rührbesen in 1 Minute schaumig schlagen. Nach und nach restlichen Zucker und Aroma hinzufügen, dann noch etwa 1 Minute schlagen. Mehl mit Backpulver mischen und mit den Haferflocken kurz auf niedrigster Stufe unterrühren. Den Backofen vorheizen. Ober-/Unterhitze: etwa 180 °C, Heißluft: etwa 160 °C

3_ Den Teig mit 2 Teelöffeln mit etwas Abstand in walnussgroßen Häufchen auf zwei Backbleche (gefettet, mit Backpapier belegt) setzen. Die Backbleche nacheinander (bei Heißluft zusammen) in den vorgeheizten Backofen schieben und die Plätzchen 12–15 Minuten backen.

4_ Die Plätzchen mit dem Backpapier von den Backblechen auf Kuchenroste ziehen und erkalten lassen.

Pro Stück: E: 0,6 g, F: 1 g, Kh: 4 g, kJ: 131, kcal: 31

Zimt-Nuss-Makronen

etwa 60 Stück – Einfach – Foto

Für die Eiweißmasse:
3 Eiweiß (Größe M)
250 g Zucker
150 g gehackte Haselnusskerne
100 g gemahlene Haselnusskerne
2 gestr. TL gesiebtes Kakaopulver
2 Msp. gemahlener Zimt

Zubereitungszeit: **30 Minuten**
Backzeit: **20–25 Minuten je Backblech**

1_ Für die Eiweißmasse das Eiweiß mit Handrührgerät mit Rührbesen auf höchster Stufe so steif schlagen, dass ein Messerschnitt sichtbar bleibt. Nach und nach Zucker auf höchster Stufe kurz unterschlagen.

2_ Gehackte und gemahlene Nusskerne, Kakao und Zimt kurz unterrühren.

3_ Den Backofen vorheizen.
Ober-/Unterhitze: etwa 140 °C, Heißluft: etwa 120 °C

4_ Den Teig mit 2 Teelöffeln in kleinen Häufchen mit etwas Abstand auf Backbleche (mit Backpapier belegt) setzen. Die Backbleche nacheinander (bei Heißluft zusammen) in den vorgeheizten Backofen schieben. Die Makronen 20–25 Minuten je Backblech backen.

5_ Die Makronen mit dem Backpapier von den Backblechen auf Kuchenroste ziehen. Makronen erkalten lassen.

Tipp: Die Hälfte der Makronen mit geschmolzener Schokolade besprenkeln und mit je einem Haselnusskern garnieren (Foto). Die Zimt-Nuss-Makronen sind in gut schließenden Dosen etwa 2 Wochen haltbar.

Pro Stück: E: 1 g, F: 2 g, Kh: 5 g, kJ: 185, kcal: 44

Salzig-süße Macadamia-Brocken

etwa 60 Stück – Raffiniert

Für den All-in-Teig:
100 g Zartbitter-Schokolade
80 g geröstete, gesalzene Macadamia-Nusskerne
170 g Weizenmehl
20 g Speisestärke
20 g Kakaopulver
1 gestr. TL Dr. Oetker Backin
100 g Zucker
1 Pck. Dr. Oetker Vanillin-Zucker
1 Ei (Größe M)
120 g weiche Butter

Zum Bestreuen:
Hagelsalz

Zubereitungszeit: **25 Minuten**
Backzeit: **12–15 Minuten je Backblech**

1_ Für den Teig Schokolade und Macadamia-Nusskerne hacken. Den Backofen vorheizen.
Ober-/Unterhitze: etwa 180 °C, Heißluft: etwa 160 °C

2_ Mehl mit Speisestärke, Kakao und Backpulver in einer Rührschüssel mischen. Restliche Zutaten außer Hagelsalz hinzufügen und mit Handrührgerät mit Rührbesen erst kurz auf niedrigster, dann auf höchster Stufe zu einem Teig verarbeiten.

3_ Den Teig mit zwei Teelöffeln in walnussgroßen Häufchen auf zwei Backbleche (gefettet, mit Backpapier belegt) setzen und mit etwas Hagelsalz bestreuen. Die Backbleche nacheinander (bei Heißluft zusammen) in den vorgeheizten Backofen schieben und die Brocken 12–15 Minuten backen.

4_ Die Backbleche auf Kuchenroste stellen und das Gebäck darauf erkalten lassen.

Tipp: Macadamia-Brocken sind 3–4 Wochen in gut schließenden Dosen haltbar.

Pro Stück: E: 1 g, F: 3 g, Kh: 5 g, kJ: 223, kcal: 53

Gefüllte Orangenkekse

etwa 50 Stück – Raffiniert

Für den Knetteig:
300 g Weizenmehl
30 g Hartweizengrieß
120 g Zucker
½ Pck. Dr. Oetker Finesse
   Orangenschalen-Aroma
2 Eigelb (Größe M)
200 g Butter oder Margarine
2 EL kaltes Wasser

Für die Füllung:
6 EL bittere Orangenmarmelade

Zubereitungszeit: **40 Minuten,
ohne Kühlzeit**
Backzeit: **etwa 10 Minuten je
Backblech**

1_ Für den Teig Mehl in eine Rührschüssel geben. Grieß, Zucker, Aroma, Eigelb, Butter oder Margarine und Wasser hinzufügen. Die Zutaten mit Handrührgerät mit Knethaken zunächst kurz auf niedrigster, dann auf höchster Stufe gut durcharbeiten.

2_ Anschließend den Teig auf der leicht bemehlten Arbeitsfläche zu einem glatten Teig verkneten. Aus dem Teig 2 Rollen (je etwa 25 cm Länge) formen. Die Rollen in Frischhaltefolie wickeln und 2–3 Stunden kalt stellen.

3_ Den Backofen vorheizen.
Ober-/Unterhitze: etwa 180 °C, Heißluft: etwa 160 °C

4_ Die Teigrollen mit einem scharfen Messer in knapp 4 mm dicke Scheiben schneiden. Dabei die Rollen immer wieder formen, damit die Scheiben gleichmäßig rund sind. Die Teigscheiben auf Backbleche (gefettet, mit Backpapier belegt) legen. Die Backbleche nacheinander (bei Heißluft zusammen) in den vorgeheizten Backofen schieben. Die Orangenkekse etwa 10 Minuten je Backblech backen.

5_ Die Kekse mit dem Backpapier von den Backblechen auf Kuchenroste ziehen. Kekse erkalten lassen.

6_ Für die Füllung die Marmelade in einem kleinen Topf leicht pürieren oder durch ein Sieb streichen und unter Rühren gut aufkochen. Auf die Hälfte der Kekse jeweils einen Klecks Marmelade geben, mit einem zweiten Keks bedecken, andrücken und erkalten lassen.

Pro Stück: E: 1 g, F: 4 g, Kh: 9 g, kJ: 315, kcal: 75

Florentiner Plätzchen

etwa 100 Stück – Klassisch

Für den Knetteig:
150 g Weizenmehl
50 g Zucker
1 Pck. Dr. Oetker Vanillin-Zucker
1 Ei (Größe M)
75 g weiche Butter oder Margarine

Für den Belag:
50 g Belegkirschen
50 g Butter
50 g Zucker
2 EL flüssiger Honig
125 g Schlagsahne
100 g gehobelte Mandeln
100 g gehobelte Haselnusskerne
2 EL gemahlene Haselnusskerne

Für den Guss:
100 g Zartbitter-Schokolade

Zubereitungszeit: **40 Minuten,
ohne Abkühlzeit**
Backzeit: **18–20 Minuten**

1_ Den Backofen vorheizen.
Ober-/Unterhitze: etwa 180 °C, Heißluft: etwa 160 °C

2_ Für den Teig Mehl in eine Rührschüssel geben. Restliche Zutaten hinzufügen und mit Handrührgerät mit Knethaken zunächst kurz auf niedrigster, dann auf höchster Stufe gut durcharbeiten. Anschließend den Teig auf der leicht bemehlten Arbeitsfläche zu einem glatten Teig verkneten, zu einer Kugel formen.

3_ Den Teig portionsweise dünn ausrollen und runde Plätzchen (Ø etwa 5 cm) ausstechen. Die Teigtaler auf Backbleche (mit Backpapier belegt) legen. Die Backbleche nacheinander (bei Heißluft zusammen) in den vorgeheizten Backofen schieben. Die Plätzchen etwa 8 Minuten je Backblech hellbraun vorbacken.

4_ Die vorgebackenen Plätzchen auf den Backblechen auf Kuchenrosten erkalten lassen.

5_ Für den Belag Belegkirschen in Stücke schneiden. Butter mit Zucker und Honig in einem kleinen Topf unter Rühren zerlassen und etwas bräunen lassen. Sahne hinzufügen. So lange rühren, bis der Zucker gelöst ist.

6_ Mandeln, Haselnusskerne und klein geschnittene Belegkirschen hinzugeben, unter Rühren zum Kochen bringen und so lange unter Rühren bei schwacher Hitze kochen lassen, bis die Masse gebunden ist.
Den Topf von der Kochstelle nehmen. Die Masse etwa 10 Minuten abkühlen lassen, dann mit 2 Teelöffeln auf den erkalteten Plätzchen verteilen.

7_ Die Backbleche wieder in den vorgeheizten Backofen schieben.
Die Plätzchen bei gleicher Backofentemperatur weitere 10–12 Minuten backen.

8_ Die Plätzchen mit dem Backpapier von den Backblechen auf Kuchenroste ziehen und erkalten lassen.

9_ Für den Guss Schokolade in Stücke brechen, in einem kleinen Topf im heißen Wasserbad bei schwacher Hitze unter Rühren schmelzen.
Die Plätzchen auf der Unterseite dünn mit der Schokolade bestreichen, auf Backpapier legen. Schokolade fest werden lassen.

Pro Stück: E: 1 g, F: 1 g, Kh: 3 g, kJ: 188, kcal: 45

Makronen mit Cranberries

etwa 40 Stück – Klassiker, mal fruchtig

Zum Vorbereiten:
50 g getrocknete Cranberries

Für die Eiweißmasse:
2 Eiweiß (Größe M)
100 g Zucker
1 Msp. gemahlener Zimt
2 Tropfen Bittermandel-Aroma
  aus dem Röhrchen
100 g abgezogene, gemahlene
  Mandeln
50 g gehackte Mandeln

Zubereitungszeit: **20 Minuten**
Backzeit: **etwa 25 Minuten je**
Backblech

1_ Zum Vorbereiten die getrockneten Cranberries sehr fein hacken und zunächst beiseitestellen.

2_ Den Backofen vorheizen.
Ober-/Unterhitze: etwa 140 °C, Heißluft: etwa 120 °C

3_ Für die Eiweißmasse Eiweiß mit Handrührgerät mit Rührbesen auf höchster Stufe steif schlagen. Der Schnee muss so fest sein, dass ein Messerschnitt sichtbar bleibt. Nach und nach Zucker, Zimt und Aroma kurz unterschlagen.

4_ Gemahlene und gehackte Mandeln sowie die gehackten Cranberries vorsichtig unter den Eischnee heben.

5_ Die Mandel-Cranberry-Masse mit 2 Teelöffeln in Häufchen auf Backbleche (gefettet, mit Backpapier belegt) setzen. Dabei genügend Abstand zwischen den Teighäufchen lassen. Die Backbleche nacheinander (bei Heißluft zusammen) in den vorgeheizten Backofen schieben. Die Makronen etwa 25 Minuten je Backblech backen.

6_ Die Makronen mit dem Backpapier von den Blechen auf Kuchenroste ziehen und erkalten lassen.

Tipp: Die Makronen vor dem Backen zusätzlich mit einigen gehackten Mandeln und Cranberries bestreuen.
Die Zugabe von 1 Esslöffel Speisestärke macht die Makronen etwas stabiler.
Statt der Mandeln können Sie auch 150 g leicht geröstete Kokosflocken verwenden.
Die Makronen sind etwa 2 Wochen in gut schließenden Dosen haltbar.

Pro Stück: E: 1 g, F: 2 g, Kh: 4 g, kJ: 152, kcal: 36

Spritzgebäck

etwa 80 Stück – Klassisch

Für den Rührteig:
250 g weiche Butter oder
  Margarine
125 g Zucker
2 Pck. Dr. Oetker Vanillin-Zucker
1 Ei (Größe M)
3 Eigelb (Größe M)
250 g Weizenmehl
150 g Speisestärke

Für den Guss:
150 g Zartbitter-Kuvertüre
2 TL Speiseöl, z. B. Sonnenblumenöl

Zum Bestreuen:
Hagelzucker
fein gehacktes Zitronat (Sukkade)

Zubereitungszeit: **25 Minuten,
ohne Abkühlzeit**
Backzeit: **etwa 10 Minuten je
Backblech**

1_ Den Backofen vorheizen.
Ober-/Unterhitze: etwa 200 °C, Heißluft: etwa 180 °C

2_ Für den Teig Butter oder Margarine mit Handrührgerät mit Rührbesen
auf höchster Stufe geschmeidig rühren. Nach und nach Zucker und
Vanillin-Zucker unterrühren. So lange rühren, bis eine gebundene
Masse entstanden ist. Ei etwa ½ Minute unterrühren, Eigelb kurz
unterrühren.

3_ Mehl mit Speisestärke mischen und in 2 Portionen auf mittlerer Stufe
kurz unterrühren. Den Teig in einen Spritzbeutel mit Sterntülle (Ø etwa
1 cm) füllen und Kränzchen (Ø etwa 4 cm) auf Backbleche (gefettet, mit
Backpapier belegt) spritzen. Die Backbleche nacheinander (bei Heißluft
zusammen) in den vorgeheizten Backofen schieben. Das Gebäck etwa
10 Minuten je Backblech backen.

4_ Die Kränzchen mit dem Backpapier von den Backblechen auf Kuchenroste ziehen. Kränzchen erkalten lassen.

5_ Für den Guss Kuvertüre in kleine Stücke brechen und mit Speiseöl in
einem kleinen Topf im Wasserbad bei schwacher Hitze unter Rühren
schmelzen. Die Kränzchen zur Hälfte in die Kuvertüre tauchen und auf
Backpapier legen. Mit Hagelzucker oder Zitronat bestreuen. Guss fest
werden lassen.

Tipp: Nach Belieben Geschenkbändchen oder Schleifenband durch
das Spritzgebäck ziehen und als Geschenkanhänger oder Christbaum-
schmuck verwenden.
Das Spritzgebäck kann auch mit der aufgelösten Kuvertüre besprenkelt
werden, dann sind 75 g Kuvertüre ausreichend.
Das Spritzgebäck ist 3–4 Wochen in gut schließenden Dosen haltbar.

Pro Stück: E: 0,6 g, F: 4 g, Kh: 7 g, kJ: 267, kcal: 64

Eissterne

etwa 100 Stück – Zum Verschenken

Für den Teig:
100 g Marzipan-Rohmasse
½ Pck. Dr. Oetker Finesse
  Geriebene Zitronenschale
3 EL Zitronensaft
175 g Weizenmehl
75 g gesiebter Puderzucker
1 Pck. Dr. Oetker Vanillin-Zucker
1 Prise Salz
100 g Butter oder Margarine

Zum Bestäuben:
Puderzucker

Zubereitungszeit: **30 Minuten,
ohne Kühlzeit**
Backzeit: **10–12 Minuten je
Backblech**

1_ Für den Teig Marzipan-Rohmasse auf der Haushaltsreibe raspeln. Marzipanraspel mit Zitronenschale und -saft in einer Rührschüssel mit Handrührgerät mit Rührbesen gut verrühren.

2_ Mehl mit Puderzucker, Vanillin-Zucker und Salz mischen und mit Butter oder Margarine zur Marzipanmasse geben. Die Zutaten mit Handrührgerät mit Knethaken zu einem glatten Teig verarbeiten. Den Teig in Frischhaltefolie gewickelt etwa 30 Minuten in den Kühlschrank legen.

3_ Den Backofen vorheizen.
Ober-/Unterhitze: etwa 180 °C, Heißluft: etwa 160 °C

4_ Den Teig auf der leicht bemehlten Arbeitsfläche etwa ½ cm dick ausrollen. Mit Schneeflockenformen (Ø etwa 5 cm) Eissterne ausstechen.

5_ Die Teigplätzchen auf Backbleche (mit Backpapier belegt) legen. Die Teigreste wieder zusammenkneten und weitere Kekse ausstechen – so oft, bis der Teig aufgebraucht ist.

6_ Die Backbleche nacheinander (bei Heißluft zusammen) in den vorgeheizten Backofen schieben. Die Eissterne 10–12 Minuten backen.

7_ Die Kekse mit dem Backpapier von den Backblechen auf Kuchenroste ziehen, abkühlen lassen und mit Puderzucker bestäuben.

Tipp: Für Weihnachtssterne aus dem Teig Sterne ausstechen und wie im Rezept angegeben backen. Für eine goldgelbe Farbe die Sterne vor dem Backen mit etwas verschlagenem Eigelb bestreichen. Nach Belieben die erkalteten Sterne mit geschmolzener Kuvertüre bestreichen und mit bunten Zuckerkugeln bestreuen. Für Kokoskringel Kringel ausstechen und wie im Rezept angegeben backen. Die erkalteten Kringel mit Lemoncurd bestreichen und mit Kokosraspeln bestreuen. Die Eissterne sind etwa 3 Wochen in gut schließenden Dosen haltbar.

Pro Stück: E: 0,3 g, F: 1 g, Kh: 3 g, kJ: 97, kcal: 23

Gestreifte Mohnkekse

etwa 55 Stück – Für Gäste

Für den Knetteig
100 g Weizenmehl
1 Pck. Dr. Oetker Pudding-Pulver
   Vanille-Geschmack
1 Prise Salz
70 g Zucker
1 Eigelb (Größe M)
100 g Butter oder Margarine

Zum Bestreichen und Bestreuen:
1 Eiweiß (Größe M)
1 Prise Salz
20 g Mohnsamen

Zubereitungszeit: **30 Minuten,
ohne Kühlzeit**
Backzeit: **etwa 15 Minuten je
Backblech**

1_ Für den Teig Mehl mit Pudding-Pulver und Salz in einer Rührschüssel mischen. Restliche Zutaten hinzufügen und mit Handrührgerät mit Knethaken zunächst kurz auf niedrigster, dann auf höchster Stufe gut durcharbeiten.

2_ Anschließend den Teig auf der leicht bemehlten Arbeitsfläche kurz verkneten. Den Teig halbieren. Eine Hälfte in Frischhaltefolie gewickelt in den Kühlschrank legen, die andere Hälfte zu einem Quadrat (16 x 16 cm) ausrollen und in 4 Streifen (je 4 cm Breite) schneiden.

3_ Zum Bestreichen und Bestreuen Eiweiß mit Salz verquirlen. Alle Teigstreifen damit bestreichen. Auf die Eiweißseite eines Teigstreifens 1 Teelöffel Mohn streuen. Den zweiten Teigstreifen mit der Eiweiß-Seite nach unten darauflegen und leicht andrücken. Wieder mit Eiweiß bestreichen und mit 1 Teelöffel Mohn bestreuen.

4_ Mit den anderen beiden Teigstreifen ebenso verfahren, den letzten Teigstreifen jedoch nicht mit Eiweiß bestreichen und nicht mit Mohn bestreuen. Die entstandene Teigstange etwas nachformen und gut 1 Stunde in Frischhaltefolie gewickelt in den Kühlschrank legen.

5_ Restlichen Teig, verquirltes Eiweiß und Mohn ebenso verarbeiten wie unter den Punkten 2–4 beschrieben und in den Kühlschrank legen.

6_ Den Backofen vorheizen.
Ober-/Unterhitze: etwa 180 °C, Heißluft: etwa 160 °C

7_ Die gestreiften Teigstangen mit einem Sägemesser in etwa ½ cm breite Scheiben schneiden. Die Scheiben nebeneinander auf Backbleche (mit Backpapier belegt) legen. Die Backbleche nacheinander (bei Heißluft zusammen) in den vorgeheizten Backofen schieben. Die Kekse etwa 15 Minuten ja Backblech backen.

8_ Die Backbleche auf Kuchenroste stellen. Die Mohnkekse auf den Blechen erkalten lassen.

Tipp: Die Mohnkekse sind etwa 3 Wochen in gut schließenden Dosen haltbar.

Pro Stück: E: 0,4 g, F: 2 g, Kh: 3 g, kJ: 130, kcal: 31

Ausstechkekse mit Prickelguss

etwa 45 Stück – Für Kinder

Für den Knetteig:
150 g Weizenmehl
1 Msp. Dr. Oetker Backin
50 g Zucker
1 Pck. Dr. Oetker Vanillin-Zucker
100 g Butter oder Margarine

Für den Guss:
100 g gesiebter Puderzucker
2 Pck. Brausepulver, z. B. Himbeergeschmack (für je 0,2 l Wasser)
1 ½–2 EL Zitronensaft
evtl. Lebensmittelfarbe

Zubereitungszeit: **30 Minuten,
ohne Kühlzeit**
Backzeit: **etwa 12 Minuten je
Backblech**

1_ Den Backofen vorheizen.
Ober-/Unterhitze: etwa 180 °C, Heißluft: etwa 160 °C

2_ Für den Teig Mehl mit Backpulver in einer Rührschüssel mischen.
Restliche Zutaten hinzufügen und mit Handrührgerät mit Knethaken
zunächst kurz auf niedrigster, dann auf höchster Stufe gut durcharbeiten. Anschließend den Teig auf der leicht bemehlten Arbeitsfläche
kurz verkneten. Sollte er kleben, ihn in Frischhaltefolie gewickelt eine
Zeit lang in den Kühlschrank legen.

3_ Den Teig auf der leicht bemehlten Arbeitsfläche etwa ½ cm dick
ausrollen. Mit Ausstechförmchen (Ø etwa 5 cm) Motive ausstechen
und auf Backbleche (mit Backpapier belegt) legen. Die Teigreste wieder
zusammenkneten, erneut ausrollen und weitere Motive ausstechen –
so oft, bis der Teig aufgebraucht ist.

4_ Die Bleche nacheinander (bei Heißluft zusammen) in den vorgeheizten
Backofen schieben. Die Kekse etwa 12 Minuten je Backblech backen.

5_ Die Kekse mit dem Backpapier von den Blechen auf Kuchenroste ziehen
und erkalten lassen.

6_ Für den Guss Puderzucker mit Brausepulver, Zitronensaft und evtl.
Lebensmittelfarbe verrühren und „ausprickeln" lassen. Den Guss in
einen kleinen Gefrierbeutel füllen, den Beutel verschließen und eine
kleine Ecke abschneiden.

7_ Etwas Guss auf die Kekse spritzen und mit einem Pinsel dünn
verstreichen oder den Guss als Kontur auf die Kekse spritzen.
Den Guss trocknen lassen.

Tipp: Statt mit Himbeergeschmack lässt sich der Guss auch mit
Brausepulver Waldmeister- oder Orangengeschmack verfeinern.
Für einen besseren Prickeleffekt streuen Sie zusätzlich etwas Brause-
pulver auf den noch feuchten Guss.
Die Kekse sind etwa 2 Wochen in gut schließenden Dosen haltbar.

Pro Stück: E: 0,4 g, F: 2 g, Kh: 6 g, kJ: 186, kcal: 44

Stollenhäppchen

etwa 44 Stück – Zum Advent

Für den Teig:
250 g Weizenmehl
2 gestr. TL Dr. Oetker Backin
75 g Zucker
1 Pck. Dr. Oetker Vanillin-Zucker
1 Pck. Dr. Oetker Finesse
   Weihnachts-Aroma
1 Pck. Dr. Oetker Finesse
   Geriebene Zitronenschale
1 Ei (Größe M)
100 g Butter oder Margarine
125 g Magerquark
50 g fein gehacktes Zitronat
   (Sukkade)
100 g Rosinen
50 g Korinthen
50 g abgezogene, gemahlene
   Mandeln

Zum Bestäuben:
Puderzucker

Zubereitungszeit: **30 Minuten**
Backzeit: **etwa 12 Minuten je
Backblech**

1_ Den Backofen vorheizen.
   Ober-/Unterhitze: etwa 180 °C, Heißluft: etwa 160 °C

2_ Für den Teig Mehl mit Backpulver in einer Rührschüssel mischen.
   Zucker, Vanillin-Zucker, Aroma, Zitronenschale, Ei, Butter oder
   Margarine und Quark hinzufügen und alles mit Handrührgerät mit
   Knethaken zunächst kurz auf niedrigster, dann auf höchster Stufe gut
   durcharbeiten.

3_ Anschließend Zitronat, Rosinen, Korinthen und Mandeln auf der leicht
   bemehlten Arbeitsfläche unterkneten.

4_ Den Teig halbieren. Jede Teighälfte zunächst zu 2 Rollen von etwa 22 cm
   Länge formen, dann in je 1 cm breite Stücke schneiden und zu Kugeln
   formen. Die Teigkugeln auf Backbleche (mit Backpapier belegt) setzen.
   Dabei genügend Abstand zwischen den Kugeln lassen.

5_ Die Backbleche nacheinander (bei Heißluft zusammen) in den vorgeheizten Backofen schieben. Die Häppchen etwa 12 Minuten je Backblech
   backen.

6_ Die gebackenen Stollenhäppchen mit dem Backpapier auf Kuchenroste
   ziehen und sofort mit Puderzucker bestäuben. Die Stollenhäppchen
   erkalten lassen.

Tipp: Anstelle von Weihnachts-Aroma können Sie auch ½ Teelöffel
gemahlenen Zimt, Honigkuchen- oder Lebkuchengewürz nehmen.
Das beste Backergebnis bekommen Sie mit Ober-/Unterhitze.
Stollenhäppchen sind etwa 2 Wochen in gut schließenden Dosen
haltbar.

Pro Stück: E: 1 g, F: 3 g, Kh: 10 g, kJ: 297, kcal: 71

Elisenlebkuchen

etwa 30 Stück – Für Gäste

Für den Teig:
100 g Orangeat oder Zitronat
 (Sukkade)
2 Eier (Größe M)
200 g brauner Zucker
1 Pck. Dr. Oetker Vanillin-Zucker
1 Msp. gemahlene Gewürznelken
½ Röhrchen Rum-Aroma
1–2 Tropfen Zitronen-Aroma
 (aus dem Röhrchen)
125 g nicht abgezogene,
 gemahlene Mandeln
1 Msp. Dr. Oetker Backin
etwa 100 g gemahlene
 Haselnusskerne

etwa 30 Backoblaten
 (Ø etwa 7 cm)

Für den hellen Guss:
150 g Puderzucker
1–2 EL heißes Wasser

Für den dunklen Guss:
75 g Zartbitter-Schokolade
1 TL Speiseöl, z. B. Sonnenblumenöl

Zubereitungszeit: **60 Minuten,
ohne Abkühlzeit**
Backzeit: **etwa 25 Minuten je
Backblech**

1_ Den Backofen vorheizen.
 Ober-/Unterhitze: etwa 140 °C, Heißluft: etwa 120 °C

2_ Für den Teig Orangeat oder Zitronat fein würfeln. Eier mit Handrührgerät mit Rührbesen auf höchster Stufe in 1 Minute schaumig schlagen.
 Zucker mit Vanillin-Zucker mischen, in 1 Minute einstreuen, dann noch
 etwa 2 Minuten schlagen. Gewürznelken und Aromen unterrühren.

3_ Mandeln mit Backpulver mischen, mit dem Orangeat oder Zitronat und
 so viel von den Haselnusskernen kurz auf niedrigster Stufe unter die
 Eiercreme rühren, dass der Teig noch streichfähig ist.

4_ Auf jede Oblate 1 Esslöffel des Teiges geben, mit einem in Wasser
 getauchten Messer kuppelförmig auf die ganze Oblate streichen.
 Oblaten auf Backbleche legen.

5_ Die Backbleche nacheinander (bei Heißluft zusammen) in den
 vorgeheizten Backofen schieben. Die Oblaten etwa 25 Minuten je
 Backblech backen.

6_ Für den hellen Guss Puderzucker sieben und mit heißem Wasser
 glatt rühren, sodass ein dickflüssiger Guss entsteht. Die Hälfte der
 Lebkuchen gleich nach dem Backen mit dem hellen Guss bestreichen
 und auf einem Kuchenrost erkalten lassen. Die Lebkuchen ohne Guss
 ebenfalls auf einem Kuchenrost erkalten lassen.

7_ Für den dunklen Guss Schokolade in Stücke brechen und mit dem Öl im
 Wasserbad bei schwacher Hitze unter Rühren schmelzen. Die erkalteten
 übrigen Lebkuchen mit dunklem Guss bestreichen und den Guss fest
 werden lassen.

Tipp: Elisenlebkuchen am besten gut verpackt einige Tage durchziehen
lassen, damit sich das Aroma entfalten kann.
Elisenlebkuchen sind etwa 2 Wochen in gut schließenden Dosen
haltbar.

Pro Stück: E: 2 g, F: 6 g, Kh: 17 g, kJ: 533, kcal: 127

Red-nosed Rudolph

etwa 26 Stück – Für Kinder

Für den Knetteig:
150 g Weizenmehl
½ TL Dr. Oetker Backin
30 g Zucker
1 Pck. Dr. Oetker Vanillin-Zucker
½ TL gemahlener Kardamom
1 Msp. gemahlener Zimt
1 Ei (Größe M)
50 g Butter oder Margarine

Zum Verzieren:
20 g gesiebter Puderzucker
1 TL Zitronensaft
rote Speisefarbe
etwa 26 Silberperlen

Zubereitungszeit: **30 Minuten,
ohne Kühlzeit**
Backzeit: **etwa 12 Minuten je
Backblech**

1_ Den Backofen vorheizen.
Ober-/Unterhitze: etwa 200 °C, Heißluft: etwa 180 °C

2_ Für den Teig Mehl mit Backpulver in einer Rührschüssel mischen.
Restliche Zutaten hinzufügen und mit Handrührgerät mit Knethaken
zunächst kurz auf niedrigster, dann auf höchster Stufe gut durcharbeiten. Anschließend den Teig auf der leicht bemehlten Arbeitsfläche
kurz verkneten. Sollte er kleben, ihn in Frischhaltefolie gewickelt eine
Zeit lang in den Kühlschrank legen.

3_ Den Teig auf der leicht bemehlten Arbeitsfläche etwa ½ cm dick
ausrollen.

4_ Mit einem Rentier-Ausstecher (8–10 cm) Figuren ausstechen und
auf Backbleche (mit Backpapier belegt) legen. Die Teigreste wieder
zusammenkneten, erneut ausrollen und weitere Figuren ausstechen.
Die Backbleche nacheinander (bei Heißluft zusammen) in den
vorgeheizten Backofen schieben. Die Red-nosed-Rudolph-Kekse
etwa 12 Minuten je Backblech backen.

5_ Die Rentiere mit dem Backpapier von den Backblechen auf Kuchenroste
ziehen und erkalten lassen.

6_ Zum Verzieren Puderzucker mit Zitronensaft und Speisefarbe verrühren. Den dickflüssigen Guss in einen Gefrierbeutel füllen und eine
kleine Ecke abschneiden. Den Rentier-Keksen rote Nasen und Augen
aufspritzen. In die Augen vorsichtig je 1 Silberperle drücken. Den Guss
trocknen lassen.

Tipp: Die Rentiere nach Belieben mit Puderzucker bestäuben.
Die Rentiere sind etwa 3 Wochen in gut schließenden Dosen haltbar.

Pro Stück: E: 1 g, F: 2 g, Kh: 7 g, kJ: 206, kcal: 49

Fruchthäufchen

etwa 35 Stück – Exotisch

Zum Vorbereiten:
50 g getrocknete Feigen
100 g getrocknete Kirschen
30 g getrockneter, gezuckerter
  Ingwer

Für die Eiweißmasse:
2 Eiweiß (Größe M)
100 g brauner Zucker
  (z. B. Kandisfarin)
100 g abgezogene, gemahlene
  Mandeln

Zubereitungszeit: **25 Minuten**
Backzeit: **etwa 30 Minuten je**
Backblech

1_ Zum Vorbereiten von den Feigen die Stiele abschneiden. Feigen, Kirschen und Ingwer sehr fein hacken.

2_ Den Backofen vorheizen.
Ober-/Unterhitze: etwa 140 °C, Heißluft: etwa 120 °C

3_ Für die Eiweißmasse Eiweiß mit Handrührgerät mit Rührbesen auf höchster Stufe steif schlagen. Der Eischnee muss so fest sein, dass ein Messerschnitt sichtbar bleibt. Nach und nach Zucker kurz unterschlagen.

4_ Die vorbereitete Früchte-Mischung und die Mandeln vorsichtig unter den Eischnee heben.

5_ Die Früchte-Eischnee-Masse mit 2 Teelöffeln in walnussgroßen Häufchen auf Backbleche (gefettet, mit Backpapier belegt) setzen. Dabei genügend Abstand zwischen den Teighäufchen lassen. Die Backbleche nacheinander (bei Heißluft zusammen) in den vorgeheizten Backofen schieben. Die Fruchthäufchen etwa 30 Minuten je Backblech backen.

6_ Die Fruchthäufchen mit dem Backpapier von den Blechen auf Kuchenroste ziehen und erkalten lassen.

Tipp: Geben Sie 1 Esslöffel Speisestärke mit in den Teig. Dadurch werden die Häufchen stabiler.
Die Mandeln können Sie durch die gleiche Menge Kokosraspel ersetzen. Rösten Sie dafür die Kokosraspel in einer Pfanne ohne Fett leicht an, damit der Geschmack intensiver wird.
Fruchthäufchen sind etwa 2 Wochen in gut schließenden Dosen haltbar.

Pro Stück: E: 1 g, F: 2 g, Kh: 6 g, kJ: 181, kcal: 43

Zimtberge

etwa 50 Stück – Preiswert

Für die Eiweißmasse:
3 Eiweiß (Größe M)
1 TL Zitronensaft
230 g gesiebter Puderzucker
2 TL gemahlener Zimt
1 Pck. Dr. Oetker Finesse
    Geriebene Zitronenschale
70 g abgezogene, gemahlene
    Mandeln
200 g gemahlene Haselnusskerne

Zubereitungszeit: **30 Minuten,**
ohne Abkühlzeit
Backzeit: **etwa 30 Minuten je**
Backblech

1_ Für die Eiweißmasse Eiweiß und Zitronensaft mit Handrührgerät mit Rührbesen auf höchster Stufe steif schlagen. Der Schnee muss so fest sein, dass ein Messerschnitt sichtbar bleibt. Nach und nach Puderzucker kurz unterschlagen. 2 gehäufte Esslöffel der Eischneemasse abnehmen, in einen kleinen Gefrierbeutel geben und verschließen.

2_ Den Backofen vorheizen.
Ober-/Unterhitze: etwa 140 °C, Heißluft: etwa 120 °C

3_ Zimt, Zitronenschale, Mandeln und Haselnusskerne mischen und in 2 Portionen kurz auf mittlerer Stufe unter die restliche Eischneemasse rühren.

4_ Die Masse mit 2 Teelöffeln in walnussgroßen Häufchen auf 2 Backbleche (gefettet, mit Backpapier belegt) setzen. Dabei genügend Abstand zwischen den Häufchen lassen.

5_ Von dem Gefrierbeutel mit der Eischneemasse eine kleine Ecke abschneiden und auf jeden Zimtberg eine Spitze spritzen. Die Backbleche nacheinander (bei Heißluft zusammen) in den vorgeheizten Backofen schieben. Die Zimtberge etwa 30 Minuten je Backblech backen.

6_ Die Zimtberge mit dem Backpapier von den Backblechen auf Kuchenroste ziehen und erkalten lassen.

Tipp: Die Zimtberge vor dem Backen mit je einem ganzen Haselnusskern garnieren.
Zimtberge sind etwa 2 Wochen in gut schließenden Dosen haltbar.

Pro Stück: E: 1 g, F: 3 g, Kh: 5 g, kJ: 224, kcal: 53

Engadiner Mandelscheiben

etwa 110 Stück – Raffiniert

Für den Knetteig:
250 g Weizenmehl
1 Pck. Dr. Oetker Pudding-Pulver
  Schokolade
1 TL Kakaopulver
125 g gesiebter Puderzucker
1 Pck. Dr. Oetker Vanillin-Zucker
1 Prise Salz
250 g Butter oder Margarine
100 g Mandelstifte

Zubereitungszeit: **30 Minuten,
ohne Kühlzeit**
Backzeit: **etwa 15 Minuten je
Backblech**

1_ Den Backofen vorheizen.
Ober-/Unterhitze: 180–200 °C, Heißluft: 160–180 °C

2_ Für den Teig Mehl mit Pudding-Pulver und Kakao in einer Rührschüssel mischen. Puderzucker, Vanillin-Zucker, Salz und Butter oder Margarine hinzufügen und mit Handrührgerät mit Knethaken zunächst kurz auf niedrigster, dann auf höchster Stufe gut durcharbeiten.

3_ Anschließend den Teig auf der leicht bemehlten Arbeitsfläche kurz verkneten. Die Mandeln unterkneten. Den Teig dritteln und aus jeder Teigportion eine etwa 20 cm lange Rolle formen. Die Teigrollen in Frischhaltefolie gewickelt etwa 3 Stunden in den Kühlschrank legen, bis sie fest geworden sind.

4_ Die Teigrollen mit einem Sägemesser in etwa ½ cm dicke Scheiben schneiden. Die Scheiben auf Backbleche (mit Backpapier belegt) legen und nacheinander (bei Heißluft zusammen) in den vorgeheizten Backofen schieben. Die Mandelscheiben etwa 15 Minuten je Backblech backen.

5_ Die Mandelscheiben mit dem Backpapier von den Backblechen auf Kuchenroste ziehen. Das Gebäck erkalten lassen.

Tipp: Die Mandelscheiben sind etwa 3 Wochen in gut schließenden Dosen haltbar.

Pro Stück: E: 0,4 g, F: 2 g, Kh: 3 g, kJ: 153, kcal: 36

Orangen-Schoko-Kekse

etwa 66 Stück – Schokoladig-herb

Zum Vorbereiten:
50 g Zartbitter-Schokolade

Für den Teig:
100 g weiche Butter oder
  Margarine
100 g Orangenmarmelade
  (mit Stücken)
70 g Zucker
1 Msp. Salz
1 Pck. Dr. Oetker
  Bourbon-Vanille-Zucker
200 g Weizenmehl
½ TL Dr. Oetker Backin
20 g Kakaopulver

Zum Garnieren:
30 g Zartbitter-Schokolade

Nach Belieben:
30 g gehacktes Orangeat

Zubereitungszeit: **25 Minuten,
ohne Kühlzeit**
Backzeit: **etwa 20 Minuten je
Backblech**

1_ Zum Vorbereiten die Schokolade in den Kühlschrank legen und anschließend gut gekühlt fein hacken.

2_ Für den Teig Butter oder Margarine und Orangenmarmelade mit Handrührgerät mit Rührbesen geschmeidig rühren. Nach und nach Zucker, Salz und Vanille-Zucker unterrühren. So lange rühren, bis eine gebundene Masse entstanden ist.

3_ Mehl mit Backpulver und Kakao mischen und mit Handrührgerät mit Knethaken zunächst kurz auf niedrigster, dann auf höchster Stufe gut durcharbeiten. Anschließend auf der leicht bemehlten Arbeitsfläche zu einem glatten Teig verkneten.

4_ Den Teig dritteln. Auf etwas Mehl aus jeder Teigportion eine je etwa 22 cm lange Rolle (Ø 3 cm) formen. Die Rollen in Frischhaltefolie gewickelt etwa 1 Stunde in den Kühlschrank legen.

5_ Den Backofen vorheizen.
Ober-/Unterhitze: etwa 180 °C, Heißluft: etwa 160 °C

6_ Die Rollen mit einem Sägemesser in etwa 1 cm dicke Scheiben schneiden und auf 2 Backbleche (mit Backpapier belegt) legen. Die Backbleche nacheinander (bei Heißluft zusammen) in den vorgeheizten Backofen schieben. Die Kekse etwa 20 Minuten je Backblech backen.

7_ Die Kekse mit dem Backpapier auf Kuchenroste ziehen und darauf erkalten lassen.

8_ Zum Garnieren die Schokolade in Stücke brechen und in einem kleinen Topf im Wasserbad bei schwacher Hitze unter Rühren schmelzen lassen. Die geschmolzene Schokolade in einen Gefrierbeutel füllen. Vom Beutel eine kleine Ecke abschneiden. Auf jeden Keks einen kleinen Klecks Schokolade geben und nach Belieben mit Orangeat garnieren.

Tipp: Orangen-Schoko-Kekse sind etwa 2 Wochen in gut schließenden Dosen haltbar.

Pro Stück: E: 0,5 g, F: 2 g, Kh: 5 g, kJ: 158, kcal: 38

Walnuss-Aprikosen-Konfekt

etwa 30 Stück – Zum Verschenken – Foto

Für die Masse:
125 g getrocknete Aprikosen
3 EL Apricot Brandy
200 g Marzipan-Rohmasse
100 g gesiebter Puderzucker

Für Guss und Garnierung:
150 g Zartbitter-Kuvertüre
1 EL Sonnenblumenöl
100 g Walnusskernhälften

Zubereitungszeit: **50 Minuten, ohne Durchziehzeit**
Haltbarkeit: **kühl und trocken etwa 2 Wochen**

1_ Aprikosen in sehr kleine Stücke schneiden, mit Apricot Brandy beträufeln und zugedeckt etwa 2 Stunden durchziehen lassen.

2_ Marzipan mit Puderzucker verkneten, anschließend die getränkten Aprikosenstückchen unterkneten.

3_ Die Aprikosen-Marzipan-Masse auf der mit Puderzucker bestäubten Arbeitsfläche zu gut 2 cm dicken Rollen formen und diese in gut ½ cm dicke Scheiben schneiden.

4_ Für den Guss Kuvertüre in Stücke hacken und mit Sonnenblumenöl in einem kleinen Topf im Wasserbad bei schwacher Hitze unter Rühren schmelzen. Jede Marzipanscheibe hineintauchen, die Unterseite am Rand abstreifen und auf Backpapier setzen. Konfekt evtl. nochmals umsetzen, damit es keine „Füßchen" bekommt.

5_ Die Walnusskernhälften auf den noch feuchten Guss setzen. Den Guss fest werden lassen. Dann das Konfekt in gut schließenden Dosen zwischen Lagen von Backpapier kühl und trocken aufbewahren.

Pro Stück: E: 25 g, F: 6 g, Kh: 11 g, kJ: 475, kcal: 113

Kirschwasser-Trüffel

etwa 20 Stück – Fein schmelzend

Für die Trüffelmasse:
200 g Vollmilch-Schokolade
50 g Crème double
35 g feinkörniger Zucker
3 EL Kirschwasser

Zum Wälzen:
50 g Kakaopulver
25 g Puderzucker

Zubereitungszeit: **45 Minuten, ohne Abkühl- und Kühlzeit**
Haltbarkeit: **gekühlt 5–6 Tage**

1_ Für die Trüffelmasse Schokolade in Stücke brechen und in einem kleinen Topf im Wasserbad bei schwacher Hitze unter Rühren schmelzen. Crème double und Zucker unter Rühren hinzufügen.

2_ Die Masse in eine Rührschüssel geben. Kirschwasser hinzufügen und mit Handrührgerät mit Rührbesen unterrühren, etwas abkühlen lassen. Wenn die Masse beginnt fest zu werden, sie zu kleinen Kugeln formen und fest werden lassen (evtl. zugedeckt in den Kühlschrank stellen).

3_ Zum Wälzen Kakaopulver und Puderzucker sieben und gut vermischen. Die vorbereiteten Trüffelkugeln darin wälzen. Die Trüffel gekühlt in einer gut schließenden Dose zwischen Lagen von Backpapier aufbewahren.

Tipp: Die Trüffel mit einem Guss überziehen. Dazu 150 g Zartbitter-Kuvertüre hacken und mit einem Esslöffel Sonnenblumenöl in einem kleinen Topf im Wasserbad schmelzen lassen. Die Trüffelkugeln mithilfe von 2 Gabeln hineintauchen, auf einen Gitterrost setzen und die Kuvertüre fest werden lassen.
Nach Belieben die Trüffel in Pralinenförmchen setzen.
Crème double kann auch durch Schlagsahne ersetzt werden.

Pro Stück: E: 1 g, F: 5 g, Kh: 9 g, kJ: 370, kcal: 88

Cassis-Pralinen

etwa 15 Stück – Klassiker – Foto

Für die Pralinenmasse:
50 g Vollmilch-Kuvertüre
50 g Marzipan-Rohmasse
2 EL Cassis-Likör
   (schwarzer Johannisbeerlikör)

40 g gekühltes Nuss-Nougat

Zum Ausrollen und Bestreuen:
etwas Puderzucker

Außerdem:
15 Papier-Pralinenförmchen

Zubereitungszeit: **35 Minuten**
Haltbarkeit: **gekühlt etwa 2 Wochen**

1_ Für die Pralinenmasse Kuvertüre hacken und in einem kleinen Topf im Wasserbad bei schwacher Hitze unter Rühren schmelzen. Kuvertüre mit einem Teelöffel in den 15 Pralinenförmchen verteilen.

2_ Marzipan in kleine Stücke zupfen und mit dem Likör in eine kleine Schüssel geben. Beides mit einer Gabel zu einer einheitlichen Masse verarbeiten. Die Masse mit einem Teelöffel auf der Kuvertüremasse in den Pralinenförmchen verteilen.

3_ Gut gekühltes Nuss-Nougat auf der mit Puderzucker bestäubten Arbeitsfläche etwa 3 mm dick ausrollen. Mit einer runden Ausstechform (Ø etwa 3 cm) 15 Kreise ausstechen. Die Nougatkreise auf die Marzipanmasse legen, etwas andrücken und mit etwas Puderzucker bestreuen.

4_ Die Pralinen in einer gut schließenden Dose gekühlt aufbewahren.

Pro Stück: E: 1 g, F: 3 g, Kh: 6 g, kJ: 249, kcal: 60

Rumkirschen im Schokobett

16 Stück – Beliebt

Für die Masse:
75 g Schlagsahne
125 g Zartbitter-Kuvertüre
2 EL Rum
2 EL gesiebter Puderzucker

Außerdem:
16 Papier-Pralinenförmchen
16 eingelegte Kirschen
   (z. B. aus dem Rumtopf)

Zubereitungszeit: **30 Minuten, ohne Kühlzeit**
Haltbarkeit: **gekühlt etwa 10 Tage**

1_ Für die Masse Sahne in einem kleinen Topf unter Rühren zum Kochen bringen und den Topf von der Kochstelle nehmen. Kuvertüre in kleine Stücke hacken und unter Rühren in der Sahne auflösen.

2_ Rum und Puderzucker unterrühren, bis die Masse glatt und glänzend ist. Die Schoko-Rum-Masse etwa 10 Minuten in den Kühlschrank stellen (sie muss streich- und spritzfähig sein).

3_ Die Schoko-Rum-Masse in einen Spritzbeutel mit kleiner Lochtülle füllen und in jedes Pralinenförmchen einen Boden und am Rand einen Ring spritzen. Je 1 Kirsche in den Ring setzen und leicht andrücken. Die Rumkirschen in einer gut schließenden Dose gekühlt aufbewahren.

Pro Stück: E: 1 g, F: 4 g, Kh: 7 g, kJ: 298, kcal: 71

Rotwein-Pflaumen-Pralinen

etwa 30 Stück – Fruchtig – Foto

Für die Rotwein-Marzipan-Masse:
100 g getrocknete Soft-Pflaumen
  (etwa 15 Stück)
75 ml Rotwein
50 g Puderzucker
150 g Marzipan-Rohmasse

Für den Guss:
100 g Edelbitter-Schokolade
  (70 % Kakaoanteil)
1 TL Speiseöl, z. B. Sonnenblumenöl

**Zubereitungszeit: 40 Minuten,
ohne Abkühl- und Durchziehzeit**
Haltbarkeit: **kühl etwa 5 Tage**

1_ Die Pflaumen längs halbieren. Rotwein in einem kleinen Topf zum Kochen bringen, die Pflaumen hinzufügen und alles bei schwacher Hitze etwa 3 Minuten köcheln lassen. Die Pflaumen im Rotwein abkühlen lassen und etwa 1 Stunde zugedeckt durchziehen lassen.

2_ Puderzucker sieben, mit dem Marzipan verkneten und auf der leicht mit Puderzucker bestäubten Arbeitsfläche zu einem Rechteck von etwa 30 x 30 cm ausrollen, in 30 Rechtecke von etwa 5 x 6 cm schneiden.

3_ Jeweils 1 Pflaumenhälfte in die Mitte der Rechtecke legen, die Seiten einschlagen und die Pflaume in das Marzipan einrollen. Dann die Ränder vorsichtig andrücken.

4_ Für den Guss Schokolade in Stücke brechen und mit Speiseöl in einem kleinen Topf im Wasserbad bei schwacher Hitze unter Rühren schmelzen lassen. Die Marzipanrollen auf eine Gabel geben, in die Schokolade tunken, etwas abstreifen und auf einem Kuchenrost abtropfen lassen (evtl. Schokolade zwischendurch nochmals erwärmen). Die Schokolade fest werden lassen.

5_ Die Pralinen kühl in einer gut schließenden Dose zwischen Lagen von Backpapier aufbewahren.

Tipp: Besprenkeln Sie die überzogenen, fest gewordenen Pralinen mit der restlichen, nochmals erwärmten Schokolade.

Pro Stück: E: 1 g, F: 3 g, Kh: 7 g, kJ: 262, kcal: 63

Für die Möhrenmasse:
20 g Butter
125 g fein geriebene Möhren
  (vorbereitet gewogen)
50 g Schlagsahne
2 EL Aprikosenkonfitüre
50 g weiße Schokolade
50 g abgezogene, gemahlene
  Mandeln
1 Msp. gemahlener Zimt

Für den Guss:
100 g Vollmilch-Schokolade
50 g Zartbitter-Schokolade
1 TL Speiseöl

**Zubereitungszeit: 40 Minuten,
ohne Kühlzeit**
Haltbarkeit: **gekühlt 4–5 Tage**

Möhrenhäufchen

etwa 40 Stück – Zum Vorbereiten

1_ Butter in einem Topf zerlassen, geriebene Möhren hinzugeben und etwa 2 Minuten dünsten lassen. Sahne und Konfitüre hinzugeben, verrühren und die Masse nochmals etwa 3 Minuten bei schwacher Hitze köcheln lassen. Topf von der Kochstelle nehmen und die grob gehackte Schokolade darin auflösen. Anschließend Mandeln und Zimt unterrühren.

2_ Die Möhrenmasse mithilfe von 2 Teelöffeln in walnussgroßen Häufchen auf Backpapier setzen und etwa 1 Stunde in den Kühlschrank stellen.

3_ Für den Guss Schokolade in Stücke brechen und mit dem Öl in einem kleinen Topf im Wasserbad bei schwacher Hitze unter Rühren schmelzen. Die Möhrenhäufchen mithilfe einer Gabel in die Schokolade tunken, auf einem Kuchenrost abtropfen und den Guss fest werden lassen (evtl. Schokolade zwischendurch nochmals erwärmen).

4_ Die Möhrenhäufchen in gut schließenden Dosen zwischen Lagen von Backpapier gekühlt aufbewahren.

Pro Stück: E: 1 g, F: 3 g, Kh: 4 g, kJ: 196, kcal: 47

Rosa Johannisbeer-Nocken

etwa 35 Stück – Zart schmelzend

Für die Johannisbeermasse:
400 g weiße Kuvertüre
125 g schwarze Johannisbeer-
   konfitüre
50 g weiche Butter
50 g Puderzucker
200 g Zartbitter-Kuvertüre

**Zubereitungszeit: 90 Minuten,
ohne Abkühlzeit**
Haltbarkeit: **gekühlt 2–3 Wochen**

1_ Von der weißen Kuvertüre 300 g grob hacken und in einem kleinen Topf im Wasserbad bei schwacher Hitze unter Rühren schmelzen. Die Konfitüre durch ein feines Sieb streichen.

2_ Butter mit Puderzucker in eine Rührschüssel geben und mit Hand-rührgerät mit Rührbesen in 6–8 Minuten weiß-schaumig schlagen. Die geschmolzene Kuvertüre löffelweise unter die Butter rühren. Konfitüre unterrühren.

3_ Aus der Masse mit zwei in warmes Wasser getauchten Teelöffeln etwa 35 Nocken formen (dabei die Löffel vor jedem Abstechen der Nocken wieder in das warme Wasser tauchen).

4_ Die Nocken auf ein mit Backpapier belegtes Backblech setzen. Die Nocken für mindestens 6 Stunden in den Kühlschrank stellen.

5_ Die Zartbitter-Kuvertüre grob hacken und ebenfalls in einem flachen Topf im Wasserbad bei schwacher Hitze unter Rühren schmelzen. Die geschmolzene Kuvertüre etwas abkühlen, aber nicht erstarren lassen.

6_ Die Nocken jeweils einzeln auf eine Gabel setzen und nacheinander etwa ½ cm tief in die Kuvertüre tauchen. Die überschüssige Kuvertüre am Gefäßrand abstreifen. Dann die Nocken auf Backpapier setzen und die Kuvertüre fest werden lassen.

7_ Die restliche weiße Kuvertüre grob hacken und ebenfalls in einem kleinen Topf im Wasserbad bei schwacher Hitze unter Rühren schmelzen und dann kurz abkühlen lassen. Die Kuvertüre in Papier-tütchen oder einen kleinen Gefrierbeutel füllen. Eine kleine Ecke abschneiden und die Nocken mit der Kuvertüre verzieren. Kuvertüre fest werden lassen.

8_ Die Nocken gekühlt in gut schließenden Dosen zwischen Lagen von Backpapier aufbewahren.

Tipp: Für ein intensiveres Geschmackserlebnis zusätzlich 2 Esslöffel Himbeergeist mit der Konfitüre in Punkt 2 unterrühren.

Pro Stück: E: 1 g, F: 7 g, Kh: 12 g, kJ: 505, kcal: 121

Flammende Herzen
15–20 Stück – Zum Verschenken – Foto

Für die Herzen:
60 g getrocknete Cranberries
2 EL Apfelsaft
225 g weiße Schokolade
15 g Kokosfett

Zubereitungszeit: **20 Minuten, ohne Durchzieh- und Kühlzeit**
Haltbarkeit: **kühl und trocken etwa 14 Tage**

1_ Cranberries in kleine Stücke schneiden, mit Apfelsaft verrühren und etwa 30 Minuten durchziehen lassen.

2_ In der Zwischenzeit Schokolade in Stücke brechen und mit Kokosfett in einem kleinen Topf im Wasserbad bei schwacher Hitze unter Rühren schmelzen und abkühlen lassen.

3_ In flexible herzförmige Eiswürfelförmchen jeweils etwa ½ Teelöffel Schokolade geben, jeweils etwa ½ Teelöffel Cranberry-Stücke darauf verteilen und jeweils mit etwa ½ Teelöffel Schokolade bedecken. So weiter verfahren, bis Schokolade und Cranberry-Stücke aufgebraucht sind.

4_ Die Herzen für etwa 20 Minuten ins Gefrierfach stellen und fest werden lassen. Anschließend die Herzen aus den Förmchen drücken.

5_ Die Herzen kühl und trocken in einer gut schließenden Dose zwischen Lagen von Backpapier aufbewahren.

Tipp: Geben Sie auf jedes Herz einen Tupfen flüssige weiße Schokolade und garnieren Sie es mit einer getrockneten Cranberry.

Pro Stück: E: 1 g, F: 5 g, Kh: 11 g, kJ: 372, kcal: 89

Zitronenkugeln
etwa 40 Stück – Beliebt

Für die Masse:
1 Stange Zitronengras
2 Zitronenblätter (Asia-Laden)
100 g Schlagsahne
40 g Zwieback
200 g weiße Schokolade
abgeriebene Schale von
   ½ Bio-Zitrone
   (unbehandelt, ungewachst)
1 EL Zitronensaft

Zum Wälzen:
30 g feiner Zucker

Nach Belieben:
40 Papier-Pralinenförmchen

Zubereitungszeit: **40 Minuten, ohne Kühlzeit**
Haltbarkeit: **gekühlt etwa 8 Tage**

1_ Von der Zitronengrasstange die äußeren harten Stängel entfernen. Den Rest in feine Streifen schneiden. Die Zitronenblätter halbieren.

2_ Sahne in einem Topf mit Zitronengrasstreifen und -blättern zum Kochen bringen und bei mittlerer Hitze auf etwa 75 ml einkochen lassen. Die Flüssigkeit durch in Sieb geben und wieder zurück in den Topf geben.

3_ Zwieback fein reiben oder in einem Gefrierbeutel mit einer Teigrolle fein zerbröseln. Schokolade in Stücke brechen und unter Rühren in der warmen Sahne auflösen. Abgeriebene Zitronenschale, Zitronensaft und Zwieback unterrühren.

4_ Aus der Zitronen-Schokoladen-Masse etwa 2 cm große Kugeln formen. Die Kugeln in Zucker wälzen, in Pralinenförmchen setzen und kalt stellen.

5_ Die durchgekühlten Zitronenkugeln in eine gut schließende Dose geben und gekühlt aufbewahren.

Pro Stück: E: 0 g, F: 2 g, Kh: 5 g, kJ: 175, kcal: 42

Gewürz-Quitten-Brot

etwa 75 Stück – Dauert länger

Für die Quittenmasse:
8 EL Zitronensaft
2 l Wasser
1½ kg Quitten
1 Vanilleschote
30 g Ingwer
8 grüne Kardamomkapseln
  (aus dem Asia-Laden oder
  gut sortierten Spezialitäten-
  Gewürzabteilungen) oder
  ½ TL gemahlene Gewürznelken
½ Sternanis
500 g Extra-Gelierzucker (2:1)
100 g Zucker

Zum Wälzen:
50 g Kokosraspel

Zubereitungszeit: **90 Minuten,
ohne Abtropf- und Kühlzeit**
Haltbarkeit: **kühl und trocken
4–5 Wochen**

1_ Zitronensaft mit Wasser in einer großen Schüssel verrühren. Von den Quitten den Flaum mit einem trockenen Tuch abreiben. Quitten abspülen, abtrocknen und vierteln, Kerne und Blütenansatz herausschneiden. Die Quittenstücke sofort in das Zitronenwasser legen.

2_ Vanilleschote längs aufschneiden und das Mark herausschaben. Ingwer schälen, abspülen, abtropfen lassen und in dünne Scheiben schneiden. Kardamomsamen aus den Kapseln lösen und im Mörser fein zerstoßen.

3_ Die Quittenstücke mit einem Schaumlöffel aus dem Zitronenwasser nehmen und in einen Topf geben. Von dem Zitronenwasser 500 ml (½ l) abmessen und mit in den Topf geben.

4_ Vanillemark, -stange, Ingwerscheiben, Kardamom oder Nelken und Sternanis dazugeben. Das Ganze zum Kochen bringen und zugedeckt 30–40 Minuten bei schwacher Hitze köcheln lassen, bis die Quitten weich sind, dabei gelegentlich umrühren.

5_ Ein großes Sieb mit einem Küchentuch auslegen und in eine Schüssel hängen. Quittenkompott hineingeben. Den Saft (am besten über Nacht) kalt gestellt langsam ablaufen lassen.

6_ Vanilleschote, Ingwerscheiben und Sternanis aus dem Kompott entfernen. Das Quittenkompott fein pürieren und etwa 900 g abwiegen. Das Püree in einem großen Topf mit Gelierzucker und Zucker mischen und unter Rühren aufkochen lassen. Das Quittenpüree unter Rühren bei mittlerer Hitze im offenem Topf etwa 20 Minuten einkochen lassen, bis eine zähe, dickflüssige Masse entstanden ist.

7_ Die Masse in eine Auflaufform (etwa 30 x 20 cm, gefettet) geben und glatt streichen. Die Masse bei Zimmertemperatur (etwa 18 °C) 4–5 Stunden erkalten lassen.

8_ Dann aus der fest gewordenen Masse etwa 4 x 2 cm große Stücke schneiden. Die Quittenbrotstücke in Kokosraspeln wälzen und in gut schließenden Dosen zwischen Lagen von Backpapier kühl und trocken aufbewahren.

Tipp: Den abgetropften Saft z. B. für ein Quittengelee verwenden.

Pro Stück: E: 0 g, F: 1 g, Kh: 9 g, kJ: 176, kcal: 42

Schoko-Mango-Stäbchen

etwa 80 Stück – Dauert länger

Für die Mango-Apfel-Masse:
2 reife Mangos (etwa 850 g)
1 kg Äpfel (z. B. Boskop)
75 ml Zitronensaft
275 g Zucker
1 EL Sonnenblumenöl

Für den Guss:
200 g Edelbitter-Schokolade
  (70 % Kakaoanteil)
30 g Schlagsahne
4 EL brauner Zucker

Zubereitungszeit: **90 Minuten,
ohne Gar- und Kühlzeit**
Haltbarkeit: **gekühlt etwa 2
Wochen**

1_ Mangos halbieren und das Fruchtfleisch vom Stein schneiden.
Mangos schälen. Das Fruchtfleisch in grobe Würfel schneiden.

2_ Äpfel schälen, vierteln, entkernen und grob würfeln. Mango- und
Apfelwürfel mit dem Zitronensaft in einen Topf geben und zugedeckt
bei mittlerer Hitze etwa 1 Stunde weich kochen. Dabei ab und zu
umrühren.

3_ Die gekochten Früchte durch ein grobes Sieb oder eine flotte Lotte
passieren. Das Fruchtpüree mit dem Zucker verrühren. Dann das
Püree bei schwacher Hitze im offenen Topf etwa 2 ½ Stunden sehr dick
einkochen lassen. Dabei gelegentlich, zum Schluss häufiger umrühren.
Den Topf von der Kochstelle nehmen und das Püree etwas abkühlen
lassen.

4_ Ein Backblech mit Sonnenblumenöl bestreichen und möglichst glatt
mit Frischhaltefolie auslegen. Das lauwarme Püree auf dem Blech
verteilen und mit einer Palette oder einem Tortenheber glatt streichen.
Das Püree vollständig erkalten lassen. Dann das Püree mit Frischhaltefolie zudecken und am besten über Nacht in den Kühlschrank stellen.

5_ Das fest gewordene Püree am nächsten Tag mit einem scharfen Messer
in etwa 4 cm lange und 1 cm breite Stäbchen schneiden. Die Mangostäbchen zugedeckt wieder in den Kühlschrank stellen.

6_ Für den Guss die Schokolade in Stücke brechen und mit der Sahne in
einem kleinen Topf im Wasserbad bei schwacher Hitze geschmeidig
rühren. Dann die Schokolade lauwarm abkühlen lassen.

7_ Die Mangostäbchen aus dem Kühlschrank nehmen und etwa 3 Minuten
bei Zimmertemperatur stehen lassen. Dann die Mangostäbchen am
besten mit einer Pinzette oder einer Gabel in die Schokolade tauchen.
Die überschüssige Schokolade durch vorsichtiges Schütteln abtropfen
lassen. Die Stäbchen auf Backpapier legen.

8_ Die Stäbchen mit dem Zucker bestreuen, so lange der Schokoladenguss
noch etwas feucht ist. Die Schokolade fest werden lassen.

9_ Die Stäbchen in gut schließenden Dosen zwischen Lagen von Backpapier gekühlt aufbewahren.

Pro Stück: E: 0 g, F: 1 g, Kh: 7 g, kJ: 174, kcal: 42

Sahne-Vanille-Konfekt

etwa 30 Stück – Klassischer Genuss – Foto

Für die Schokoladenmasse:
300 g Vollmilch-Kuvertüre
125 g Schlagsahne
1 Pck. Dr. Oetker Bourbon-
   Vanille-Zucker
30 g weiche Butter

Zum Wälzen und Bestäuben:
50 g Puderzucker
20 g Kakaopulver

Zubereitungszeit: **30 Minuten,
ohne Kühlzeit**
Haltbarkeit: **gekühlt 6–8 Tage**

1_ Für die Masse Kuvertüre grob hacken. Sahne mit Vanille-Zucker in einem kleinen Topf unter Rühren zum Kochen bringen und kurz aufkochen lassen. Danach den Topf von der Kochstelle nehmen.

2_ Kuvertüre hinzufügen und unter Rühren darin auflösen. So lange rühren, bis eine glatte Masse entstanden ist. Die Kuvertüre-Sahne-Masse in eine Rührschüssel geben und zugedeckt über Nacht in den Kühlschrank stellen.

3_ Schokoladenmasse mit der Butter cremig aufschlagen und nochmals so lange in den Kühlschrank stellen, bis sie wieder fest geworden ist.

4_ Aus der Konfektmasse etwa 30 knapp walnussgroße Kugeln formen. Puderzucker sieben. Die Konfektkugeln in Puderzucker wälzen und zum Schluss noch mit Kakao bestäuben.

5_ Die Konfektkugeln gekühlt in einer gut schließenden Dose zwischen Lagen von Backpapier aufbewahren.

Tipp: Wälzen Sie die Konfektkugeln mit einer Mischung aus Puderzucker und gemahlenen Pistazienkernen, dann die Kugeln nicht mehr mit Kakaopulver bestäuben.

Pro Stück: E: 1 g, F: 6 g, Kh: 8 g, kJ: 359, kcal: 86

Erdbeerpralinen

etwa 60 Stück – Zum Verschenken

Für die Marzipanrollen:
200 g Marzipan-Rohmasse
75 g Getränkepulver
   Erdbeer-Geschmack
   (für Milch-Mix-Getränke)
etwa 2 EL Erdbeerkonfitüre

50 g gehackte Mandeln

100 g weiße Schokolade
5 g Kokosfett

Zubereitungszeit: **40 Minuten,
ohne Abkühl- und Kühlzeit**
Haltbarkeit: **kühl und trocken
etwa 14 Tage**

1_ Marzipan mit dem Getränkepulver verkneten. Die Masse halbieren und daraus 2 Rollen von je etwa 30 cm Länge formen. Konfitüre durch ein Sieb streichen. Die Rollen damit bestreichen.

2_ Mandeln auf Backpapier verteilen, die Marzipanrollen daraufgeben und die Mandeln fest einrollen.

3_ Schokolade in Stücke brechen, mit Kokosfett in einem kleinen Topf im Wasserbad bei schwacher Hitze unter Rühren schmelzen und etwas abkühlen lassen.

4_ Die obere Seite der Marzipanrollen mit der Hälfte der Schokolade bestreichen, kalt stellen und fest werden lassen. Dann die Marzipanrollen wenden und die Unterseite mit der restlichen Schokolade bestreichen. Schokolade fest werden lassen.

5_ Die Rollen in etwa 1 cm dicke Scheiben schneiden, sodass etwa 60 Pralinen entstehen. Die Pralinen kühl und trocken in einer gut schließenden Dose zwischen Lagen von Backpapier aufbewahren.

Pro Stück: E: 1 g, F: 2 g, Kh: 4 g, kJ: 163, kcal: 39

Goldige Schokotaler

etwa 25 Stück – Zart schmelzend

Für die Schokotaler:

350 g Edelbitter-Schokolade
(70 % Kakaoanteil)
2–3 Blätter essbares Blattgold
(etwa 0,01 g oder essbares
Streugold)

Zubereitungszeit: **60 Minuten**
Haltbarkeit: **kühl und trocken
etwa 4 Wochen**

1_ Den Backofen auf Ober-/Unterhitze etwa 50 °C vorheizen.

2_ Die Schokolade sehr fein hacken. 225 g der Schokolade in eine kleine ofenfeste Schüssel geben. Die Schüssel auf dem Rost auf mittlerer Einschubleiste in den vorgeheizten Backofen schieben. Die Schokolade etwa 20 Minuten schmelzen lassen, dabei ab und zu umrühren.

3_ Die Schüssel aus dem Ofen nehmen. Die restliche Schokolade nach und nach unterrühren, bis alles geschmolzen ist.

4_ Ein Backblech oder großes Tablett mit Backpapier belegen. Dann mit großem Abstand 4-mal je einen etwa drei Viertel vollen Esslöffel mit Schokolade zu Kreisen auf dem Blech verteilen.

5_ Das Blech oder Tablett mehrmals leicht auf die mit einem Handtuch ausgelegte Arbeitsfläche klopfen, damit die Schokolade zu flachen Scheiben verlaufen kann.

6_ Kurz bevor die Schokolade fest wird, etwas Blattgold mit einer Pinzette oder einem kleinen Pinsel oder Streugold auf den Schokotalern verteilen.

7_ Die restliche Schokolade auf die gleiche Art und Weise verarbeiten. Sollte die Schokolade dabei wieder fest werden, dann kann sie wieder im Backofen bei der oben angegebenen Backofeneinstellung geschmolzen werden.

8_ Die goldigen Schokotaler in gut schließenden Dosen auf Backpapier gelegt, kühl und trocken aufbewahren.

Pro Stück: E: 1 g, F: 6 g, Kh: 5 g, kJ: 329, kcal: 79

Torrone-Würfel

etwa 95 Stück – Dauert länger

Für die Masse:

225 g Puderzucker
375 g Marzipan-Rohmasse
140 g Vollmilch-Schokolade
140 g Zartbitter-Schokolade
(50 % Kakaoanteil)
175 g Mandel-Torrone (weißer
Nougat mit Mandeln, in Süß-
waren- oder Feinkostläden bzw.
Spezialitätenabteilungen)
½ Vanilleschote
180 g weiche Butter
1 TL Dr. Oetker Finesse Geriebene
Zitronenschale
75 g Pistazienkerne

Außerdem:

etwas Puderzucker zum Ausrollen

Zubereitungszeit: **105 Minuten,
ohne Kühlzeit**
Haltbarkeit: **kühl und trocken
etwa 2 Wochen**

1_ Puderzucker sieben. 200 g Marzipan mit 50 g von dem Puderzucker verkneten und mit etwas Puderzucker bestäubt zu einem Rechteck von etwa 25 x 20 cm ausrollen. Eine passende Auflaufform (Dose oder verstellbaren Backrahmen auf einem Backblech) mit Frischhaltefolie auslegen. Den ausgerollten Marzipanboden hineinlegen.

2_ Beide Schokoladensorten grob hacken und in einem kleinen Topf im Wasserbad bei schwacher Hitze unter Rühren schmelzen. Die Schoko-lade lauwarm abkühlen lassen.

3_ Torrone fein hacken. Die halbe Vanilleschote längs aufschneiden und das Mark herauskratzen.

4_ Butter mit 125 g vom Puderzucker mit Handrührgerät mit Rührbesen 6–8 Minuten weiß-schaumig aufschlagen. Vanillemark und Zitronen-schale kurz unterrühren. Zuerst die lauwarme Schokolade und dann Torrone unterrühren.

5_ Die Torrone-Schokoladen-Füllung auf den Marzipanboden geben (evtl. durch leichtes Aufschlagen der Form auf der Arbeitsfläche die Masse glatt verlaufen lassen).

6_ Die Pistazien im Blitzhacker kurz, aber fein mahlen (nicht zu lange, sonst werden sie zu ölig). Dann die gemahlenen Pistazien mit dem restlichen Puderzucker und dem restlichen Marzipan verkneten.

7_ Die Pistazien-Marzipan-Masse auf der mit Puderzucker bestäubten Arbeitsfläche in der gleichen Größe wie den Marzipanboden ausrollen. Die Pistazien-Marzipan-Decke vorsichtig auf die Füllung legen (evtl. gerissene Stellen mit den Fingern wieder zusammendrücken) und die Decke ganz leicht andrücken.

8_ Die Form zugedeckt etwa 4 Stunden in den Kühlschrank stellen.

9_ Die fest gewordene Konfektplatte vorsichtig aus der Form lösen und die Frischhaltefolie entfernen. Die Konfektplatte mit einem Messer in etwa 2 cm große Würfel schneiden, dabei das Messer immer wieder in kaltes Wasser tauchen.

10_ Die Würfel in gut schließenden Dosen zwischen Lagen von Backpapier kühl und trocken aufbewahren.

Pro Stück: E: 1 g, F: 5 g, Kh: 7 g, kJ: 307, kcal: 73

Orientalisches Konfekt

etwa 35 Stück – Exotisch-süßer Genuss

Für die Masse:
100 g abgezogene, gemahlene
  Mandeln
75 g Pistazienkerne
4 grüne Kardamomkapseln
  (aus dem Asia-Laden oder
  gut sortierten Spezialitäten-
  Gewürzabteilungen) oder
  ½ TL gemahlener Piment
40 g getrocknete Datteln ohne
  Stein
40 g getrocknete Soft-Feigen
40 g getrocknete Soft-Aprikosen
150 g Löffelbiskuit
1 Pck. Dr. Oetker Finesse
  Orangenschalen-Aroma
75 g heller Honig
¼ TL gemahlener Zimt
¼ TL gemahlene Gewürznelken
3 EL natives Walnussöl

Zum Wälzen:
100 g Puderzucker

Zubereitungszeit: **25 Minuten**
Haltbarkeit: **kühl und trocken
2–3 Wochen**

1_ Mandeln und Pistazienkerne in einer Pfanne ohne Fett unter Rühren
    rösten, dann auf einen Teller geben.

2_ Kardamomsamen aus den Kapseln lösen und im Mörser fein zerstoßen.
    Datteln, Feigen und Aprikosen in kleine Stücke schneiden.

3_ Löffelbiskuits in Stücke brechen und in der Küchenmaschine (mit
    einem Schlagmesser) fein hacken. Dattel-, Feigen-, Aprikosenstücke,
    Mandeln und Pistazienkerne nacheinander hinzugeben und ganz fein
    hacken.

4_ Vom Orangenschalen-Aroma 1 gestrichenen Teelöffel zum Wälzen
    beiseitestellen. Restliches Orangenschalen-Aroma, Honig, Kardamom
    oder Piment, Zimt, Nelken und Walnussöl hinzugeben. Das Ganze kurz
    durchmixen, sodass eine glatte Masse entsteht.

5_ Die Konfektmasse zu etwa 35 walnussgroßen Kugeln formen.
    Die Kugeln anschließend zu flachen Talern drücken. Puderzucker mit
    dem beiseitegestellten Orangenschalen-Aroma in einer Schale mischen.
    Die Konfekttaler darin wälzen.

6_ Die Taler in gut schließenden Dosen zwischen Lagen von Backpapier
    kühl und trocken aufbewaren.

Tipp: Statt Orangenschalen-Aroma können Sie auch geriebene
Orangenschale von einer Bio-Orange (unbehandelt, ungewachst)
verwenden.

Pro Stück: E: 2 g, F: 4 g, Kh: 10 g, kJ: 347, kcal: 83

Mandel-Ingwer-Krokant

etwa 40 Stück – Knusperspaß – Foto

1_ Für die Krokantmasse Zucker in einem Topf unter Rühren schmelzen lassen. Honig und Butter unter Rühren hinzufügen und so lange rühren, bis eine einheitliche Masse entstanden ist.

2_ Mandeln und Ingwer unterrühren. Die Masse unter Rühren zum Kochen bringen und unter ständigem Rühren einige Minuten kochen lassen.

3_ Die Masse etwa 1½ cm dick auf ein Backblech (30 x 40 cm, gut mit Sonnenblumenöl bestrichen) streichen und etwas abkühlen lassen. Anschließend in kleine Rauten, Dreiecke oder Rechtecke schneiden und erkalten lassen.

4_ Für den Guss Kuvertüre hacken, mit Speiseöl in einem kleinen Topf im Wasserbad bei schwacher Hitze geschmeidig rühren. Die Mandel-Ingwer-Krokant-Stücke jeweils mit einer Ecke oder Seite hineintauchen, die Unterseite abstreifen und auf Backpapier setzen. Kuvertüre fest werden lassen.

5_ Mandel-Ingwer-Krokant in gut schließenden Dosen zwischen Lagen von Backpapier kühl und trocken aufbewahren.

Pro Stück: E: 1 g, F: 7 g, Kh: 13 g, kJ: 493, kcal: 118

Krokantbissen

etwa 35 Stück – Einfach und schnell gemacht

1_ Für die Krokantmasse Butter und Zucker in einer Pfanne so lange erhitzen, bis die Masse leicht gebräunt und der Zucker gelöst ist. Mandeln hinzufügen und unter Rühren erhitzen, bis der Krokant ausreichend gebräunt ist.

2_ Die heiße Masse auf ein gefettetes Backblech streichen und kalt stellen.

3_ Die kalte Krokantmasse in kleine Stücke zerstoßen. Schokolade in kleine Stücke brechen, mit Sahne in einem kleinen Topf im Wasserbad unter Rühren schmelzen, etwas abkühlen lassen und den Krokant unterrühren.

4_ Von der Masse mit einem Teelöffel Häufchen abstechen, auf ein mit Backpapier belegtes Tablett setzen und zugedeckt im Kühlschrank fest werden lassen. Das Konfekt in gut schließenden Dosen zwischen Lagen von Backpapier kühl und trocken aufbewahren.

Pro Stück: E: 1 g, F: 4 g, Kh: 3 g, kJ: 219, kcal: 52

Mokkawürfel

etwa 42 Stück – Einfach zu machen – Foto

Für die Schokomasse:
75 ml Wasser
2 TL lösliches Kaffeepulver
50 g Butter
200 g Kaffee-Sahne- oder
  Cappuccino-Sahne-Schokolade
50 g Pinienkerne
25 g Walnusskerne
100 g Butterkekse

Zum Bestäuben:
Kakaopulver
Puderzucker

Zubereitungszeit: **40 Minuten,
ohne Kühlzeit**
Haltbarkeit: **kühl und trocken
etwa 8 Tage**

1_ Wasser in einem Topf zum Kochen bringen und Kaffeepulver einrühren.
Butter dazugeben und auflösen. Die Schokolade in Stücken hinzufügen,
bei schwacher Hitze schmelzen und etwas abkühlen lassen.

2_ Pinienkerne in einer Pfanne ohne Fett unter Rühren leicht bräunen,
dann auf einen Teller geben. Walnusskerne grob hacken.

3_ Butterkekse in einen Gefrierbeutel geben. Den Beutel verschließen und
die Kekse mit einer Teigrolle grob zerkleinern. Pinienkerne, Walnuss-
kernstücke und Keksstücke zur Schokoladenmasse geben und gut
verrühren.

4_ Die Masse auf eine Tortenplatte (mit Backpapier belegt, das evtl. mit
einigen Tupfen Schokoladenmasse festgeklebt ist) geben und mit
einem großen glatten Messer zu einem Rechteck (etwa 15 x 17,5 cm)
verstreichen. Die Schokoladenmasse zugedeckt 2–3 Stunden in den
Kühlschrank stellen und fest werden lassen.

5_ Die Schokomasse in etwa 2½ cm große Würfel schneiden, sodass
42 Würfel entstehen. Die Würfel mit Kakao und Puderzucker bestäuben.

6_ Die Würfel kühl und trocken in einer gut schließenden Dose zwischen
Lagen von Backpapier aufbewahren.

Pro Stück: E: 1 g, F: 4 g, Kh: 5 g, kJ: 247, kcal: 59

Weihnachtliche Mandelsplitter

etwa 25 Stück – Klassisch

Für die Schoko-Mandel-Masse:
100 g gestiftelte Mandeln
25 g Orangeat
150 g Zartbitter-Schokolade
½ Pck. Dr. Oetker Finesse
  Orangenschalen-Aroma
1–2 Msp. Lebkuchengewürz

Nach Belieben:
etwa 25 Pralinenförmchen

Zubereitungszeit: **30 Minuten,
ohne Kühlzeit**
Haltbarkeit: **gekühlt 10–14 Tage**

1_ Mandelstifte in einer Pfanne ohne Fett unter Rühren goldbraun rösten
und auf einen Teller geben. Orangeat fein hacken.

2_ Schokolade in Stücke brechen und in einem Topf im Wasserbad
bei schwacher Hitze unter Rühren schmelzen lassen. Aroma und
Lebkuchengewürz unterrühren. Mandeln und Orangeat unterheben.

3_ Die Schokoladen-Mandel-Masse mit 2 Teelöffeln in etwa 25 kleinen
Häufchen auf ein Backblech (mit Backpapier belegt) setzen.

4_ Die Mandelsplitter auf dem Backblech kalt stellen, bis die Schokolade
fest geworden ist.

5_ Die Mandelsplitter nach Belieben in Pralinenkapseln setzen und gekühlt
in einer gut schließenden Dose aufbewahren.

Tipp: Nach Belieben fein gehacktes Orangeat auf die noch nicht fest
gewordenen Mandelsplitter geben.

Pro Stück: E: 1 g, F: 4 g, Kh: 4 g, kJ: 235, kcal: 56

Abkürzungen und Hinweise

Abkürzungen

EL	=	Esslöffel
TL	=	Teelöffel
Msp.	=	Messerspitze
Pck.	=	Packung/Päckchen
g	=	Gramm
kg	=	Kilogramm
ml	=	Milliliter
l	=	Liter
evtl.	=	eventuell
geh.	=	gehäuft
gestr.	=	gestrichen
TK	=	Tiefkühlprodukt
°C	=	Grad Celsius

Kalorien-/Nährwertangaben

E	=	Eiweiß
F	=	Fett
Kh	=	Kohlenhydrate
kJ	=	Kilojoule
kcal	=	Kilokalorie

Hinweise zu den Rezepten

Lesen Sie vor der Zubereitung – besser noch vor dem Einkauf – das Rezept einmal vollständig durch. Oft werden Arbeitsabläufe oder -zusammenhänge dann klarer.

Zutatenliste

Die Zutaten sind in der Reihenfolge ihrer Bearbeitung angegeben.

Arbeitsschritte

Die Arbeitsschritte sind einzeln hervorgehoben, in der Reihenfolge, in der sie von uns ausprobiert wurden.

Zubereitungszeiten

Die Zubereitungszeit ist ein Anhaltswert für die Zeit der Vorbereitung und die eigentliche Zubereitung. Längere Wartezeiten, z. B. Kühl- und Auftauzeiten, sind nicht mit einbezogen.

Backofeneinstellung

Die in den Rezepten angegebenen Backtemperaturen und -zeiten sind Richtwerte, die je nach individueller Hitzeleistung des Backofens über- oder unterschritten werden können. Bitte beachten Sie deshalb bei der Einstellung des Backofens die Gebrauchsanweisung des Herstellers und machen Sie nach Beendigung der angegebenen Backzeit eine Garprobe.

Die Temperaturangaben in diesem Buch beziehen sich auf Elektrobacköfen. Die Temperatureinstellungsmöglichkeiten für Gasbacköfen variieren je nach Hersteller, sodass wir keine allgemeingültigen Angaben machen können.

Kapitelregister

Verlagsgruppe Random House FSC-DEU-0100
Das für dieses Buch verwendete
FSC®-zertifizierte Papier *Hello Fat Matt*
liefert Condat, Le Lardin Saint-Lazare, Frankreich.

Hinweis   Wenn Sie Anregungen, Vorschläge oder Fragen zu unseren Büchern haben, dann schreiben Sie uns:
Dr. Oetker Verlag KG, Am Bach 11, 33602 Bielefeld oder besuchen Sie uns im Internet unter www.oetker-verlag.de oder www.oetker.de

Copyright   © 2011 by Dr. Oetker Verlag KG, Bielefeld

Taschenbucherstausgabe 11/2011

Genehmigte Lizenzausgabe für den Wilhelm Heyne Verlag, München, in der Verlagsgruppe Random House GmbH
www.heyne.de
Printed in Germany 2011

Redaktion   Jasmin Gromzik, Miriam Krampitz

Titelfoto   Walter Cimbal, Hamburg

Innenfotos   Walter Cimbal, Hamburg (S. 9, 11, 15, 17, 19, 37, 59, 63, 65, 69, 75, 83)
Fotostudio Diercks (Kai Boxhammer, Thomas Diercks, Christiane Krüger), Hamburg (S. 13, 23, 27, 29, 31, 43, 45, 47, 49, 51, 53, 61, 67, 73, 77, 81, 85, 87, 91, 103, 105, 111, 113)
Janne Peters, Hamburg (S. 117, 119, 123, 127, 129, 133, 135, 137, 139)
Antje Plewinski, Berlin (S. 89)
Axel Struwe, Bielefeld (S. 39, 121, 125, 141)
Brigitte Wegner, Bielefeld (S. 21, 25, 33, 41, 55, 57, 71, 131)
Winkler Studios, Bremen (S. 35, 79, 93, 95, 97, 99, 101, 107, 109, 115)

Grafisches Konzept   kontur:design GmbH, Bielefeld
Umschlaggestaltung   kontur:design GmbH, Bielefeld
Satz und Gestaltung   M·D·H Haselhorst, Bielefeld

Druck und Bindung   Offizin Andersen Nexö, Leipzig

Nachdruck, auch auszugsweise, nur mit unserer ausdrücklichen Genehmigung und mit Quellenangabe gestattet.

ISBN: 978-3-453-85577-9

HEYNE ‹

Süße Weihnachtsträume werden wahr

Wenn der Kamin knistert und der Duft
von frisch gebackenen Plätzchen und
Lebkuchen durchs Haus zieht, dann glän-
zen nicht nur Kinderaugen vor freudiger
Erwartung. Florentiner Plätzchen, gefüllte
Orangenkekse, Schneeflockentorte und
Walnuss-Aprikosen-Konfekt – die viel-
seitigen Rezepte von Dr. Oetker bringen
Abwechslung auf den Weihnachtsteller
und versüßen das Warten aufs Christkind.

ISBN: 978-3-453-85577-9   € 8,99 [D]
€ 9,30 [A]

FSC

9 783453 855779

01

WWW.HEYNE.DE